MARC FISCHER
FÜR IMMER SEXY

Mit
anderen
Worten

© 2011 Hilde und Herbert Fischer
Gestaltung: Julia Batzlen-von Bank
Bilder: Samuel Zuder
Lektorat: Dominik Imseng
Druck: Hubert & Co, Göttingen
ISBN 978-3-033-03138-8

INHALT

Für immer sexy	4
Der Klarmensch	20
Tod auf dem Spielplatz	26
Die Reise ins Ich	38
Zum perfekten Strand, bitte	44
Die Käsekuchensituation	56
Sankt Pauli Girl	68
„Style"	76
In Balkonien	90
Schön haben sie's hier	98
Der Ganzandersmacher	108
Über Marc Fischer	112

FÜR IMMER SEXY

Dumme Sache, das mit der Jugend. Ich stelle mir das vor wie eine Zugfahrt, bei der man seine Haltestelle verpasst und an der falschen Station aussteigt: Man steht dumm da, keiner kennt einen, und man ist überhaupt ein Riesentrottel. Und kein Weg, wirklich gar keiner, der zurückführt.

Will ich um keinen Preis werden – so ein Riesentrottel, der den Absprung verpasst. Will niemand werden – so ein Riesentrottel. Muss ich mir noch keine Sorgen darüber machen, sagen meine Freunde. Muss ich doch, sage ich, denn ich habe mir das ausgerechnet, wie ich mir alles ausrechne, weil in der Mathematik die Verlässlichkeit liegt: Ich bin 26 jetzt, da bleiben mir noch 1295 Tage bis zum dreißigsten Geburtstag. Bis dahin muss sie klar sein, die Sache. Bis dahin habe ich Zeit. Bloß: Wie mache ich das? Wann geht es los mit dem Riesentrotteltum? Und was ist das eigentlich: diese Riesensause, die sie Jungsein nennen?

Neulich war sie wieder voll da, die Jugend. Die Nacht war kalt und klar, als meine Freunde und ich auf dem Weg zu der Party eines Mädchens waren, das keiner kannte. Philip fuhr seinen Wagen viel zu schnell, die Ramones schrien „Punkrock!" aus dem Radio, und Enver trank ein Bier nach dem anderen auf der Rückbank. „Wie früher", rief Philip in die Nacht hinaus: „Drei Jungs, die Ramones und eine Geburtstagsparty, für die man kein Geschenk dabei hat." „Wie früher", riefen Enver und ich zurück: „Eine blöde Nacht von tausend, von der man hofft, sie wird wie keine andere."

Natürlich war sie wie alle anderen, diese Nacht. Die Party fand statt in einer kleinen Bar auf der Hamburger Reeperbahn, der DJ spielte diese neue Tanzmusik aus England, die Mädchen hüpften auf der Tanzfläche herum, und die Jungs machten sich zum Affen. Jeder sah aus wie jemand anderes: Ein Mädchen sah aus wie Björk, ein Mädchen sah aus wie Kate Moss, ein anderes sah aus wie Chloe Sevigny von „Kids", und wieder ein anderes sah aus wie Valery aus „Beverly Hills 90210". Die Jungs genauso: Ein Junge sah aus wie Ewan McGregor aus „Trainspotting", ein Junge sah aus wie Werner Schreyer, ein anderer sah aus wie Liam Gallagher, und wieder ein anderer Junge sah aus wie Mike D. von den Beastie Boys. Ich habe zehn Millionen solcher Partys erlebt, dachte ich, und zehn Millionen solcher Leute gesehen, und alles ist gleich, alles funktioniert nach demselben System: Ein paar Jungs betrinken sich, ein paar Mädchen nehmen ihre Drogenpillen, ein paar andere verabreden sich in der Toilette zum Koksschnupfen, alle reden, tanzen, springen herum und hoffen darauf, dass diese Nacht das Besondere bringt, dass diese Nacht sie erlöst von dem immer gleichen Kreislauf der ewigen Wiederkehr der immer gleichen Gefühle.

Ich will das nicht, dachte ich, und gleichzeitig: Ich will das doch.

Ich bestellte mir ein Bier an der Bar, sah mir die Gesichter der Leute an und begann nachzudenken. Ich stellte mir die großen Jungs in den wunderbaren Gucci-, Prada- und Helmut-Lang-Anzügen als kleine Jungs vor. Ich stellte mir ihre Kinderzimmer vor, ihre Kinderbetten, ihre viel zu großen Kleiderschränke und die Poster, die sie an den Wänden hatten. Dieser da, der aussieht wie Martin Fry von ABC, dachte ich mir, wird früher ein ABC-Poster an der Wand gehabt haben, er wird ein Popperjunge gewesen sein, der Khaki-Shorts und Lacoste-Polos und eine Jacke von Fred Perry getragen hat. Er wird abends mit seiner Ciao zu einem Freund gefahren sein, ohne Helm, weil der Weg kurz war und der Wind mit seinem Scheitel gespielt hat, und die beiden werden ihre Platten von Sade und Roxy Music und Heaven 17 und eben ABC gehört haben. Sie werden über Mädchen geredet haben, die dunkle Benetton-Pullis trugen und einen Pagenkopf hatten, sie werden vielleicht aus der Hausbar eine Flasche Martini geklaut haben, die sie austranken, und später dann, gegen zwölf oder so, ist der eine Junge wieder zu sich nach Hause gefahren und ins Bett gegangen.

Dieses Mädchen da, dachte ich, während ich mir ihr schwarzes Kostüm und die blondierten Haare ansah, hat eine ganz schlimme Jugend gehabt, weil sie Pickel im Gesicht hatte und schlechte Haut überhaupt, die Jungs haben sie nicht gemocht, und sie wird Riesenpullis getragen haben, um ihre beginnende Fettleibigkeit zu kaschieren. Sie hat kurz an Selbstmord gedacht, garantiert. Als sie mit der Schule fertig war, ist sie ins Ausland gegangen, um ein neues Leben anzufangen, sie war in Paris und New York, hat die „Vogue" gelesen, und jetzt kennt sie sich sehr gut aus mit Mode, und die Redakteure ihrer Zeitschrift mögen sie, aber ein Stück ihrer Vergangenheit ist geblieben, so wie die Vergangenheit immer bleibt, weil sie nur auszulöschen ist, wenn man alle Zeugen umbringt und alle Fotos verbrennt.

Niemand heute mehr hat Poster von Popstars an der Wand hängen, dachte ich, höchstens Jungs, die noch nie eine Freundin hatten, oder Mädchen, für die sich noch kein Junge interessiert hat. Früher hatte ja jeder einen Popstar an der Wand – Mädchen, weil sie verliebt waren, und Jungs (davon bin ich überzeugt), weil sie größer werden wollten als das Bild von Elvis Presley oder Duran Duran oder George Michael an der Wand. Popstar-Verehrung bei Jungs hat immer etwas mit Distanz und Selbstkasteiung zu tun – das Poster an der Wand ist praktisch so eine Art Zielmarke, die es zu erreichen gilt, es ist eine Mahnung. Darum, weil das meistens nicht klappt, verschwinden die Poster über den Jungsbetten auch früher als die über den Mädchenbetten.

Jedenfalls: Es ist heute nicht nur so, dass ich kaum noch ein Poster mehr an der Wand habe, es ist heute ja sogar so, dass mir all die ganzen Popstars und Bands und Schauspieler und Regisseure und Models und Fotografen auf der Welt nichts mehr bedeuten. Ich meine: Ich mag Kate Moss und sehe mir ihre Fotos gern an, ich mag auch Johnny Depp und Chloe Sevigny und DJ Krush und Oasis und Björk, aber sie haben mit meinem Leben heute nicht im geringsten soviel zu tun wie früher Duran Duran oder Elvis Costello oder Han Solo aus „Star Wars" oder Madonna oder Batman.

Da kann man nichts machen. Verstehen Sie mich nicht falsch, ich bin wirklich traurig darüber. Denn natürlich ist es nicht so, dass es heute keine guten Popstars und Helden mehr gibt, es ist nur so, dass ich den Instinkt verloren habe, den ich früher als kleiner Junge hatte. Ich meine, ich würde mir heute überlegen, warum ich mir ein Poster an die Wand hänge, ich würde über Stil und Glamour und Qualität und Coolness nachdenken, während ich es früher einfach gefühlt habe.

Das ist der blöde Riesenunterschied, und darum darf man in dem Moment, in dem man weiß, warum man es tut, eigentlich überhaupt keine Idole und Popstarbilder mehr an der Wand haben, weil das alles so grässlich verlogen und inkonsequent ist.

Riesendilemma, finde ich.

So ist das mit der Jugend, dachte ich also, während ich mir ein zweites Bier bestellte, ein mexikanisches diesmal, mit einer Limone oben drin. Jessica kam auf mich zu, eine alte Freundin. Jessica ist ein sehr schlaues Mädchen, sie ist in Evan Dando von den Lemonheads verliebt, und sie mag all die neumodische Elektronikmusik und sieht ein wenig so aus wie Jean Seberg, diese amerikanische Schauspielerin, die auch in „Außer Atem" mitspielt. „Wie ist das eigentlich mit der Jugend?" fragte ich Jessica: „Wann ist sie vorbei, die Riesensause, das Trash-Leben und der ganze Spaß?" Jessica überlegte einen Moment, aber nur kurz, denn sie muss wirklich nie besonders lange nachdenken, um etwas Gutes zu sagen. „Nehmen wir einmal an", sagte Jessica also, „es gibt auf der Welt ungefähr 500 Millionen verschiedene Erfahrungen, die man machen kann. Solange du noch nicht alle gemacht hast, gibt es immer noch einen Punkt in dir, der ohne Erfahrung, also zur Jugend fähig ist." Jessica ist eine knallharte Theoretikerin, muss man wissen. „Sehr gut", sagte ich: „Das heißt also, dass man immer ein Stück jung bleibt, solange man noch nicht jeden Ort auf der Welt gesehen und noch nicht jede Droge oder jeden Beruf ausprobiert hat." Das klänge gut, redete ich weiter, aber es klänge auch wie eine perfekte Begründung für fünfzigjährige Berufsjugendliche, mit Armeehosen und Baseballkappen herumzulaufen und wie Schwachsinnige auszusehen, ohne sich dafür schuldig fühlen zu müssen. „Das ist eine Geschmacks- und keine Jugendfrage", antwortete Jessica. „Gut", sagte ich: „Was ist aber mit den ganzen Erfahrungen, die man zwei-, zehn- oder fünfzigmal macht, wie eine Zigarette zu rauchen oder ein Mädchen zu küssen?" „Diese Dinge haben nur dann eine Bedeutung, wenn man das Neue daran entdeckt", sagte Jessica: „Das, was man vorher noch nicht gesehen hat."

„Fein", dachte ich, und gleichzeitig: Ich verstehe das nicht.

Drittes Bier. Früher war die Welt anders, dachte ich, als Jessica wieder zurück zur Tanzfläche ging, früher war die Welt anders, und ich war anders, alles an mir war anders: Meine Augen waren größer, meine Ohren nahmen mehr auf, meine Beine waren schneller, und meine Hände waren überall und wollten all das anfassen, was sie noch nicht angefasst hatten. Wenn man noch nichts weiß von der Welt, ist man eine Sinnmaschine, dachte ich, eine Sinnmaschine, die nicht weiß, ob ihre Sinne funktionieren, und die darum alles ausprobieren muss, um den Beweis zu erbringen, eben *dass* sie funktioniert. Ich meine: Kinder. Kinder sind überhaupt die größten Sinnmaschinen, die es gibt. Kinder springen überall runter und verletzen sich nie, Kinder fassen alles an. Kinder haben das ultimative Körpergefühl, weil sie überhaupt kein Körpergefühl haben. Ich meine: Sie interessieren sich für ihren Körper und ob der vielleicht kaputtgehen könnte in etwa soviel wie für den Wirtschaftsteil der „Zeit" oder einen Besuch im Bundesamt für Vermessungstechnik. Ich glaube, dass man ungefähr dann älter wird, wenn man beginnt, sich Sorgen um seinen Körper zu machen. Ich kenne einen Jungen, der in seiner Freizeit von Hotels aus dem fünften Stock in Swimmingpools springt – das ist definitiv Jugend und definitiv Pop. Die meisten anderen Jungs über zwanzig, die ich kenne, haben eine Höllenangst um ihren Körper. Es ist ja so: Keiner schlägt sich mehr um irgendetwas. Keiner klettert auf irgendwelche Laternenpfähle. Keiner springt mit seinem Auto über einen Straßengraben. Kluge Entscheidungen, allesamt, aber Entscheidungen, die das Jungsein begraben. Und: Wer beginnt, sich für seinen Körper zu interessieren, interessiert sich weniger für die Welt drum herum. Man geht weniger Verbindungen ein mit ihr – das In-einem-Herum ersetzt das Um-einen-Herum.

Bei mir genauso: Ich habe das Rockers-Hi-Fi-Konzert verpasst – egal, scheißegal. Mir fehlt immer noch eine Jonathan-Richman-Platte – egal, scheißegal. Meine Turnschuhe sind so was von unhip – egal, scheißegal. Oder: Ich war nicht auf der Party letzte Nacht – kein Problem, es gibt so viele blöde Partys auf der Welt. Gleichzeitig werden Dinge wichtig für mich, die mich früher niemals interessiert hätten, und diese Dinge haben alle mit meinem Körper zu tun: Ich rieche nach Schweiß – Katastrophe, ich muss sofort nach Hause und duschen. Ich habe Ringe unter den Augen – das darf nicht sein, ich muss unbedingt zwanzig Stunden schlafen. Ich bekomme einen Bauchansatz – unmöglich, ich darf nie wieder essen. Oder: Ich leide an Kurzatmigkeit – ich darf nie wieder rauchen. Oder: Meine Zähne sind zu gelb – mein Gott, ich verfalle. Oder: Meine Haare werden dünner – kein Mädchen wird je wieder mit mir ausgehen.

Noch mal Riesendilemma, dachte ich mir, denn die Hauptfrage ist ja: Wie schafft man es, dass man für immer sexy ist?

Viertes Bier. Ich zündete mir eine Zigarette an, aber ich sog den Rauch nicht richtig ein, als ich über all diese Dinge nachdachte. Zigaretten, dachte ich, sind wichtig für mich, sie geben meinem Leben Ruhe und Konzentration, aber sie geben meinem Leben auch den Tod. Eigentlich gar kein Widerspruch, dachte ich, als Philip zu mir herüber kam, mit einem Mädchen im Arm, das er gerade kennen gelernt hatte. „He, Philip", sagte ich: „Überleg mal kurz. Denk an all die Dinge, die du schon getan hast. Dann denk an all die Dinge, die du noch tun willst. Und, entschuldige bitte, errechne die Differenz davon." Philip war ziemlich betrunken, deshalb dauerte es eine kurze Zeit. Ich weiß, dass Philip schon einen Haufen Dinge getan hat, deshalb erzähle ich sie hier kurz: Er war mal drei Tage lang auf Speed, hat schon einen guten Berg Koks geschnupft, er ist mit dem Skateboard von der Halfpipe gestürzt und hat sich fast den Kiefer gebrochen, er war mal auf Hawaii und hatte irgendwann einen ziemlich harten Autounfall, von dem eine kleine Narbe über dem Auge geblieben ist. „Versteh' ich nicht, das mit der Differenz", sagte Philip: „Aber ich will nächstes Jahr auf jeden Fall nach Asien, werde höchstwahrscheinlich meine Freundin verlassen, würde gern ein Praktikum bei ‚Details' in New York machen und muss unbedingt weniger kotzen." „Du musst all das, was du schon gemacht hast, von dem, was du noch nicht gemacht hast, abziehen", sagte ich zu Philip: „Je größer die Zahl der noch nicht gemachten Dinge ist, desto jünger bist du sozusagen." „Ich bin 22 Jahre alt", sagte Philip und nahm das Mädchen in den Arm: „Der Rest interessiert mich nicht."

Fünftes Bier. Ich begann das Spiel für mich selbst durchzurechnen, kam aber auf kein klares Ergebnis. Ich meine, ich zählte all die Dinge auf, die ich noch machen wollte in Zukunft: Nach Kuba fahren, das Grab von Thomas Bernhard besuchen, Madonna kennen lernen, unter dem Namen „Guitarrero" eine Platte aufnehmen, ein Buch schreiben vielleicht, ein paar Leute verprügeln, den kompletten Proust lesen, irgendwann eine kluge und hübsche Forscherin heiraten, weil Forscherinnen die interessantesten aller Frauen sind, und Kinder mit ihr bekommen – aber ich konnte mich beim besten Willen nicht an die wesentlich wichtigen Dinge erinnern, die ich schon getan hatte.

Ich schloss meine Augen einen Moment lang. Die Party war in vollem Gange, die Musik war lauter geworden, die Gespräche waren lauter geworden, überall herrschte Bewegung, eine Bewegung, die man spüren konnte. Die Wortfetzen mischten sich mit dem Beat der Musik, und die Bilder vermischten sich mit den Wortfetzen, und weil ich schon ziemlich betrunken war, entstand ein Strudel um mich herum und ein Sog aus Geräuschen, Lichtern und Euphorie. Man ist genau so lange jung, dachte ich mir, wie man im Zentrum dieses Sogs ist und sich nie sicher sein kann, ob er einen verschlingt oder wieder ausspuckt oder so sehr verwirrt, dass man die Himmelsrichtungen danach nicht mehr unterscheiden kann. Man ist so lange jung, wie man sich auf eine Reise begibt, und so lange, wie man Geschichten zu erzählen hat von diesen Reisen, Geschichten, die gut sind. Man ist alt, wenn man zu müde geworden ist, diese Geschichten zu erzählen, oder vorgibt, die neuen Geschichten wären wirklich neu, selbst wenn sie nur Aufwärmungen der alten sind. Man ist dann alt, alt und peinlich, wenn man ihn sucht, diesen Sog, sich aber nicht mehr hineintraut, wenn man am Rande stehen bleibt und sich nicht mal mehr eine gute Lüge ausdenken kann, die ja wieder eine gute Geschichte wäre. Und man ist dann alt, richtig tödlich alt, wenn man ironisch wird, was die eigene Vergangenheit angeht, weil man sich ihrer so sehr schämt, dass man sie nur unter Gelächter ertragen kann.

Sechstes Bier. Genug für heute, dachte ich, als ich die Augen wieder aufmachte, den Strudel hinter mir ließ und durch die Tür der kleinen Bar ins Freie trat, vorbei an Chloe Sevigny, Liam Gallagher und den anderen. Auch draußen waren Menschen unterwegs, Frauen in Skianzügen und Männer in Pelzmänteln und betrunkene Prolls mit Mecki-Frisuren und schwarzen Lederjacken. Lange kann man sie nicht ertragen, diese Welt, dachte ich, jedenfalls nicht, ohne Gefahr zu laufen, den Blick für die wichtigen Dinge zu verlieren. Ich tat das, was ich immer tue, wenn mir die Städte zu hässlich werden: Ich sah zum Himmel hoch, der schwarz wie Teer war und glänzend wegen der Sterne, die da hingen. Einen Moment lang dachte ich an gar nichts, dann sah ich kurz an mir herunter: Ich trug den leichten braunen Mantel, den mein Vater mir geschenkt hatte, eine Mütze wegen der Kälte, meine dunkelblaue Cordhose von Levi's und meine neuen Nike-Cross-Trainer-Turnschuhe. Irgendwann, dachte ich mir, werde ich nicht mehr so herumlaufen können, irgendwann wird sich mein Leben ändern müssen, wie sich jedes blöde Leben einmal wird ändern müssen. Ich stellte die Bierflasche auf den Boden und sah zu den Sternen hoch, die klar funkelten in dieser Nacht. Sterne bleiben immer gleich, sie verändern sich nie, dachte ich bei mir. Ich meine: Sterne sind niemals blau oder grün oder rot oder lila, sie sind immer gelb und altern nicht. Sie sammeln zwar Zeit und Jahre, aber sie verfallen nicht wie die Menschen, sie bekommen keine gemeinen Krankheiten oder hässlichen Furchen im Gesicht, sie explodieren bloß irgendwann einmal und verpuffen dann so, als wären sie eh nie da gewesen.

Ich will genauso sein, dachte ich mir, ich will einmal so aussehen, wie ich immer aussehe. Auf einmal, so dachte ich, hatte ich die Lösung für das ganze Problem des Jungseins: Abschaffen, die ganze Illusion der schönen Jugend und des hässlichen Alters, abschaffen und begraben. Ich werde mir den Kopf rasieren, damit mir niemals die Haare ausfallen können, ich werde meinen Körper in Fettcreme baden, damit meine Haut immer weich bleibt, und ich werde meinen ganzen Besitz verbrennen oder verschenken, damit mich nichts auf den Boden des Irdischen und der Vergängnis zurückzieht. Die Frauen bewundern ja diese buddhistischen Mönche, dachte ich mir, deren Körper immer straff und fettlos sind, diese buddhistischen Mönche sind ja praktisch der Inbegriff der Schönheit, wie die Frauen sie verstehen. So wird es sein, überlegte ich mir, ich werde auf dieser Erde sein, und ich werde wieder verschwinden, aber ich werde mich nicht verändern.

Ich werde ein altersloser Mensch sein.

DER KLAR-MENSCH

Die Wahrheit ist: Der Grundzustand des Menschen ist die Verwirrung. Das Geworfensein in die Welt bringt die Orientierungslosigkeit mit sich – der Mensch weiß nicht, wer er ist, noch weiß er, wo er ist, denn er kennt ja nicht die Gründe seines Daseins. Für ihn ist immer Nacht, selbst wenn es Tag ist – die Mär von der erhellenden Weisheit des Lichts ist gelogen, denn die Sonne dringt nicht vor in das Innere; außer den Hippies wird niemand behaupten, ein Baum erkläre ihm das Rätsel des Lebens.

Die ewige Nacht, das ist sie schon, die Höllenstrafe Gottes, sie ist die Blindheit im Leben. Auch Gott aber weiß um das Prinzip von Yin und Yang – er weiß, dass Schmerz nur schmerzt, wenn man die Freude kennt, und er weiß, dass die Dunkelheit die Strafe für das Licht ist. Darum erfand er das Prinzip des Klarseins für den Menschen. Um ihn zu ärgern, aber auch, um ihn am Leben zu erhalten.

Das Klarsein ist die Weisheit des Moments, und weil mit der Weisheit immer auch die Seligkeit kommt, ist das Klarsein der Zustand des höchsten Seelenfriedens. Die Buddhisten würden das Klarsein die Erleuchtung nennen, doch die Erleuchtung ist das endgültige Ziel, während es sich mit dem Klarsein etwas anders verhält: Es ist ein bisschen wie ein Etappensieg bei der Tour de France – ein Punkt des Rennens ist erreicht, doch er verschwindet schon wieder im Hintergrund, weil die Reise weitergeht. So ist das Klarsein ein Augenblick der Bewegungslosigkeit – es hat mit Ruhe zu tun und der Fähigkeit, sich aus der Welt zu lösen und trotzdem in ihr zu sein.

Der Schriftsteller Jack Kerouac war nah dran an dem Zustand, als er sich auf dem Gipfel der Zugspitze befand; der Kriegsherr Napoleon war ein Meister des Klarseins – immer, wenn er sich bei der Planung seiner Strategie in Verwirrung befand, löste er sich von der Karte, auf der seine Heere platziert waren, und sah sich die Situation aus der Ferne an. Mit der Ferne kam die Ruhe.

Napoleon war ein Klarmensch, wie auch Lenin und Albert Einstein Klarmenschen waren. Nicht jeder aber hat die Fähigkeit des Erkennens in sich: Camus war ein Klarmensch, nicht Sartre; Hemingway, nicht Henry Miller; Beethoven, nicht Mozart; Musil, nicht Thomas Mann; Paul Simon, nicht Art Garfunkel.

Alle diese Menschen haben einige Momente ihres Lebens von der Weisheit gekostet, sie fanden die Tür heraus aus der Verwirrung. Einige Leute waren sogar dort im Zustand des Klarseins, wo es keiner vermutete: Tolstoi zum Beispiel war näher dran in seinen Kurzgeschichten als in den Büchern „Krieg und Frieden" oder „Anna Karenina" – in der Kurzgeschichte „Die Geschichte des gestrigen Tages" erkannte er, dass der Augenblick alles ist und die Ewigkeit nichts.

Das Klarsein, es ist die Ewigkeit des Moments – es ist immer unaufgeregt, darum entsteht es nicht durch Sex, nie bei einer Schlägerei und nie bei einem Banküberfall. Wenn das Klarsein kommt, kommt es langsam: Es schleicht sich an und dringt von außen in den Körper des Menschen ein, wie ein Killervirus aus dem All oder Multiple Sklerose. Ähnlich wie die Muskelkrankheit lähmt auch das Klarsein den Menschen, doch es macht ihn glücklich in seiner Lähmung – wer das Klarsein erfährt, hat keine Lust, sich groß zu bewegen, er möchte nicht aufspringen, um etwas anderes zu tun. Das Glück des Klarmenschen liegt im Verharren – dem Verharren vor einem schönen See in der Abenddämmerung, dem Verharren im Ansehen eines Atomkraftwerks in einer Sternennacht, dem Verharren beim Lesen eines sehr guten Satzes oder dem Verharren unter einem Regenguss. Die Langsamkeit macht den Klarmenschen zu einem Helden, sie macht ihn zu einem Todbekämpfer, denn wer den Verlauf der Zeit stoppen will, kämpft gegen den Tod.

Ein Mensch, der nicht imstande ist, das Klarsein zu erreichen, erkennt nicht den Wechsel der Erscheinungswelt. Er versteht nicht, dass die Farben besser werden, wenn man auf dem Bauch eines hübschen Mädchens liegt, er stellt sich nicht die Frage danach, wo das Blau des Himmels beginnt, noch hält er inne, wenn der Rauch seiner Zigarette sich mit dem Schaum seines Biers vermischt.

Der Unklarmensch, im Gegensatz zum Klarmenschen, hält Leonard Cohen für einen Zyniker und nicht für einen Mystiker, er stellt sich die Hölle als einen Feuerherd vor und den Teufel als einen Indianer mit Büffelhörnern auf dem Kopf. Der Klarmensch jedoch weiß: Die Sprache ist nur der Anfang des Verstehens, die Stille aber ist das Ziel der Seligen.

Das Lieblingstier des Klarmenschen ist der Orang-Utan – dieser Affe hält inne, wenn die Zeit es erfordert, und er wird zum Irren, wenn er seine Umgebung nicht mehr erträgt.

Ein Mensch im Zustand des Klarseins ist ein Weisheitskünstler – seine Worte bewegen sich jenseits aller Klischees, er wird nur Hauptwörter benutzen und niemals den Begriff „irgendwie", denn die Erkenntnis ist in ihm, und die Erkenntnis duldet keinen Zweifel. Ein ständiger Erkenntnistheoretiker aber ist für die Welt nicht zu ertragen, darum fällt der Klarmensch wieder in die Wirrnis zurück, doch die aus der Meditation gewonnene Kraft hat ihn stärker gemacht – er wird ein weiteres Glied eingereiht haben in die Kette seiner Menschwerdung. Er weiß: Der Teufel und Gott, sie haben das gleiche Gesicht, und manchmal, wenn das Wetter gut ist, treffen sie sich zum Tanz und singen „Ach wie gut, dass niemand weiß, dass ich Rumpelstilzchen heiß'!"

Zwischen den beiden brennt ein Feuer auf dem Boden, es flackert herum – in den Flammen befindet er sich, der Klarmensch.

TOD AUF DEM SPIEL-PLATZ

Es war der erste Sommertag des Jahres. Der junge Mann war vor ein paar Tagen dreißig geworden – ein recht schlanker Kerl, der am liebsten hellblaue Kurzarmhemden und Safarijacketts trug, weil er hoffte, dass seine Heimatstadt Hamburg dann ein bisschen so aussah wie Buenos Aires oder Santiago de Chile.

Man kann sagen, dass der junge Mann ein Romantiker war – zumindest sah er sich selbst als den allergrößten Romantiker, was vielleicht übertrieben war, aber er liebte derartige Superlative.

Auch an diesem Sommertag trug er ein blaues Kurzarmhemd, während er auf einer Holzbank im Zentrum des Spielplatzes saß, der von einem blühenden botanischen Garten umgeben war. Tatsächlich ein bisschen so wie in Buenos Aires, dachte der junge Mann.

Weil es so heiß war, über fünfundzwanzig Grad auf jeden Fall, war der Spielplatz voll wie ein Rummel kurz nach der Eröffnung. Kleine Jungs und Mädchen in bunten T-Shirts und Sommerkleidern liefen überall herum: Sie schaukelten auf Schaukeln und wippten auf Wippen; sie spielten Fußball oder rutschten Rutschen herunter; sie rannten vor ihren Eltern weg oder liefen ihnen direkt in die Arme; sie schleckten Eis, das ihnen aus den Mundwinkeln tropfte, und buddelten im Sand. Überall war Gelächter und Gekreische – das Familienministerium hätte Werbung damit machen können.

Der junge Mann im Kurzarmhemd war noch gebräunt von der Reise nach Kuba und auf die Bahamas, die er vor ein paar Wochen gemacht hatte, sein Gesicht glänzte in der Sonne fast golden, doch er war nichts im Vergleich zu der jungen Frau, die neben ihm saß – er war nichts im Vergleich zu dieser jungen Mutter.

Auch sie war gebräunt, denn vor einer Woche noch hatte sie Freunde auf La Palma besucht, aber die Bräune war egal, denn Bräune verschwindet wieder. Was nicht verschwinden würde, waren ihre braunen Augen, die eine leichte Kurve bildeten, ihr Mund mit Lachfalten, wie man sie sonst nur bei Comicfiguren findet, und ihre Nase, die einen hübschen kleinen Höcker hatte.

Die junge Frau trug ein hellblaues T-Shirt und einen hellblaugrauen Rock, sogar ihre Turnschuhe waren hellblau. Normalerweise, das wusste der junge Mann, war ihre Lieblingsfarbe Pink, aber Hellblau stand ihr eigentlich noch besser. Sie war – nun ja – ein Traum in Hellblau. Auch ihr Kind war eine Art Traum.

Es gibt viele Eltern, die ihr Kind für das Größte, Hübscheste, Klügste halten, doch bei diesem kleinen Mädchen war es tatsächlich so: Alfa hatte wirre blonde Haare, die langsam zu Locken wurden; für ihr Alter von einhalb Jahren war sie eigentlich viel zu groß, doch die Größe stand ihr gut. Sie war ein kleiner Brummer voller Kraft und Geschicklichkeit, was sich in jeder ihrer Bewegungen zeigte. Eigentlich schob sie andauernd irgendwelche Dreiräder herum oder kämpfte mit anderen Kindern um Schaufeln und Sandeimer.

Die junge Frau, ihr Kind und der junge Mann hatten mal sehr gut ausgesehen zusammen, doch jetzt, an diesem wunderbaren Tag auf dem überfüllten Spielplatz, sahen sie nicht besonders gut aus.

Während das Kind weiter irgendwelche Dreiräder klaute, schoben sich die Frau und der Mann ungelenk auf der Bank hin und her.

Der Mann redete, während die Frau ihr Kind im Auge behielt.

„Alles, was ich anzubieten habe, ist meine Liebe", sagte er.

Eine Pause entstand. Das Kind ließ das Dreirad stehen und rannte jetzt einem Hund nach.

„Ich habe den Glauben verloren", sagte die junge Frau dann, immer noch mit Blick auf das Kind. „Irgendwas ist kaputtgegangen bei mir. Irgendwas, was sich nicht reparieren lässt."

„Vor zwei Wochen wollten wir noch heiraten", sagte der junge Mann.

„Ich weiß", sagte die Frau.

Stille. Der junge Mann zündete sich eine Zigarette an und nestelte an den kurzen Ärmeln seines Hemdes herum. Die Sonne brannte vom Himmel herunter. Das Kind lief weiter dem Hund nach, irgendwie in Richtung Nordpol.

„Alfa!" rief die junge Frau. „Komm her!" Das Kind drehte sich um, zeigte aber sonst keine Reaktion, also stand die Mutter auf und lief zu ihm hinüber. Der junge Mann blieb auf der Bank sitzen.

Während die Mutter mit dem Kind spielte, es hochwarf und wieder auffing, ließ er seinen Blick einmal über den ganzen Spielplatz gleiten, über diese Welt des Glücks, diese Welt des familiären Frohsinns. Ich, dachte er in diesem Moment, ich bin der einzige Mensch auf diesem Platz, der nicht hierher gehört, der eigentlich kein Recht hat, hier zu sein, weil ich weder eine Frau noch ein Kind habe, nicht mal ein fremdes, das ich hierher begleiten, das ich nach dem Rutschen auffangen kann. Würden jetzt bewaffnete Terroristen auftauchen, dachte der junge Mann, mit der Forderung, ein Mensch hier müsse sich für ihre Sache opfern, am besten der unwichtigste, unbedeutendste Mensch, dann wäre es meine Pflicht vorzutreten, ganz einfach, weil sonst funktionierende Familien zerstört würden. Jeder, dachte der junge Mann, würde das von mir erwarten – ich wäre ein Feigling, würde ich eine Familienzerstörung zulassen und meine Existenz höher einschätzen.

Ich hasse diese Welt der Familien, dachte der junge Mann. Gleichzeitig wollte er zum ersten Mal in seinem Leben verheiratet sein, wollte selber Kinder haben, wollte ihnen vorlesen, ihre Hand halten, wenn sie krank waren, wollte ihnen sogar ihre blöden Windeln wechseln. Das, wusste der junge Mann nun, würde nie geschehen, zumindest nicht mit dieser Frau und diesem Kind.

Die junge Frau kam zurück, ihr Kind auf den Armen. Die beiden lachten sich an und rieben ihre Nasen aneinander. Dann setzte sich die Frau wieder auf die Bank und suchte in ihrer Tasche nach der Flasche mit Traubensaft, die sie dem Kind geben wollte. Die Sonne brannte weiter.

Während die Mutter sich um das Kind kümmerte, erinnerte sich der junge Mann an die letzten vier Monate seines Lebens.

Er hatte viel geschafft in den letzten Monaten: Er hatte sein zweites Buch geschrieben, halb Kuba bereist und einen Haifisch gefangen, mit bloßen Händen fast, das kann man schon so ausdrücken. Er hatte diverse Reportagen für diverse Magazine gemacht und zum ersten Mal in seinem Leben keine Schulden mehr bei der Bank.

Was er nicht geschafft hatte, war, glücklich zu werden. Und, wichtiger noch: diese junge Frau und ihr Kind glücklich zu machen. Er hatte es nicht geschafft, sie auf die richtige Art zu lieben.

Dabei sah am Anfang alles sehr gut aus.

Er hatte die junge Frau Ende letzten Jahres auf einer Party getroffen. Genau genommen hatte er sie wieder getroffen, denn die beiden kannten sich schon, ja sie hatten sogar mal eine Liebschaft miteinander gehabt, eine Liebschaft, an die der junge Mann in den letzten Jahren oft zurückgedacht hatte, weil nach ihrem Ende irgendwie klar war, dass es nicht endgültig sein konnte.

Damals, erinnerte der Mann sich jetzt, war die Zeit noch nicht reif für uns, aber heute war sie es:

Seit dieser Party weiß ich, dass sie es ist, mit der ich zusammen sein, mit der ich mein Leben verbringen möchte.

Wissen, das zu spät kommt, dachte der junge Mann, ist unnütz, es interessiert keinen mehr.

Kurz nach jener Party im Hamburger Schauspielhaus waren sie ein Paar, trotz der Unterschiede, mit denen sie ihr Leben führten. Der Mann war freier Journalist und musste oft von heute auf morgen irgendwohin reisen. Dieses Leben und dieser Job gefielen ihm gut, gaben ihm Erfüllung – die Selbstausbeutung war sein Ziel.

Die Frau war die Mutter eines kleinen Kindes, für das sie ein Leben voller Verantwortung und Sicherheit führen musste, anders ging es nicht, es sei denn, das Kind wäre ihr egal gewesen. Sie aber liebte das Kind, wozu es auch jede Menge gute Gründe gab – war ja ein gutes Kind.

Trotzdem entschieden sich die beiden, ihre Leben zu kombinieren, dem anderen aber alle nötigen Freiheiten zu lassen – der Mutter für ihre Tochter, dem Mann für seine Arbeit.

Guter Plan. Funktionierte aber nicht.

Wann genau die Katastrophe begann, ist nicht ganz klar. Vielleicht begann sie in dem Moment, in dem der Mann mit seinem besten Freund nach Kuba reiste, um diesen verdammten Haifisch zu fangen (Lemon Shark, 1,70 m, 69 kg), und die Frau nicht so oft anrief, wie er es hätte tun sollen. Vielleicht begann die Katastrophe nach seiner Rückkehr, als er sich gegen seinen Willen zuhause einschließen musste, um diverse Jobs zu erledigen. Vielleicht begann die Katastrophe in der Woche, die die Frau auf La Palma bei einem Malerehepaar verbrachte, das sich vorbildlich um sie kümmerte. Vielleicht aber, auch das ist möglich, begann alles schon viel früher: beim morgendlichen Aufstehen, das der Mann immer hinauszögerte, während die Frau schon seit Stunden wach war. Oder umgekehrt: beim abendlichen Schlafengehen, wenn der Mann ihr noch Geschichten erzählen wollte, während sie vor Müdigkeit fast umfiel. Oder die Katastrophe entstand, weil der Mann zuviel redete und die Frau nur selten zu Wort kommen ließ.

Klar war nur: Die Katastrophe war da, zuerst langsam und leise, dann immer schneller und lauter werdend, aber der Mann hörte sie nicht. Zwar war er nicht taub, aber etwas kopflos war er manchmal schon, und nun wollte ihn die hübsche junge Frau nicht mehr, weil sie meinte, man könne sich nicht auf ihn verlassen.

„Ich habe dir einen Brief mitgebracht", sagte der junge Mann und kramte in den Taschen seiner Tropenjacke, die er dabeihatte, falls es später kälter werden sollte. „Ich habe ihn dir schon vorgestern geschrieben", redete er weiter, „weil ich dachte, dass wir uns gestern Abend schon sehen würden. Na ja, und für den Fall, dass all mein Reden nichts nützen und du mich aus deiner Wohnung werfen würdest, habe ich vorsorglich diesen Brief geschrieben, den ich dir dann an der Tür gegeben hätte – wie ein Notfallschirm, den man zieht, wenn der Hauptschirm ausfällt."

„Was hast du gesagt?" fragte die Frau, die sich wieder nach ihrem Kind umsah.

„Mein Gott, bekomme ich hier nicht mal fünf Minuten?" rief der junge Mann entnervt. „Siehst du, genau so ist es!" rief die Frau zurück, ebenfalls entnervt: „Das ist mein Leben – dieses Kind! Dieses Kind wird die nächsten achtzehn Jahre immer da sein, und ich werde die nächsten achtzehn Jahre immer für dieses Kind da sein müssen! Das Kind, versteh es endlich, ist die Nummer eins bei mir, es braucht all meine Energie. Für eine Liebe, die nicht leicht ist, ist kein Platz."

Der junge Mann zündete sich noch eine Zigarette an, dann gab er ihr den Brief. „Bitte nicht jetzt lesen", sagte er.

Die nächste Viertelstunde passierte nicht viel: Worte und Sätze, die vorher schon in Telefongesprächen gefallen waren, wurden wiederholt und bewiesen nur die Sprachlosigkeit im Augenblick des getroffenen Entschlusses – die Liebe der beiden musste vorbei sein, weil es für diese Liebe keinen

Platz mehr gab. Man konnte diese Worte und Sätze noch endlos wiederholen, aber sie wurden nur schal und leer dabei – wie die nachträgliche Analyse eines Kampfes, der schon verloren war und an dem man nichts mehr ändern konnte. Nichts als hilfloses Gerede also.

„Ich muss gleich noch ein paar Dinge einkaufen gehen", begann die junge Frau, nun so hübsch wie nie zuvor.

„Ich gehe dann", sagte der junge Mann leise, während er sich dagegen entschied, ihr den Ring zurückzugeben, den er neben dem Zahn eines Makohais an einer Kette um den Hals trug.

Für alle Fälle, dachte er tatsächlich, weil er sehr abergläubisch war.

„Okay", sagte die junge Frau ebenso leise.

Einen Moment lang sahen die beiden sich an: Der junge Mann versuchte, den Blick ihrer gekurvten braunen Augen festzuhalten, in der Hoffnung, dadurch würde sich noch mal alles ändern, aber es gelang ihm nicht. Er strich ihr mit der Hand durch die Haare und küsste sie zum Abschied.

Als er aufstand, um sich auch von dem Kind zu verabschieden, das vor dem Maul eines Holznilpferds auf dem Dreirad herumfuhr, hätte er sich liebend gern von irgendwelchen Terroristen erschießen lassen, denn das Kind war so beschäftigt mit dem Dreirad und dem Nilpferdmaul, dass es ihn kaum bemerkte – er war jetzt schon Vergangenheit.

Auf dem Weg zum Ausgang des Spielplatzes geschah noch mal etwas Seltsames: Das Kind fuhr dem Mann auf seinem Dreirad nach, als hätte es gerade doch noch verstanden, dass er sich für immer verabschiedete. Vielleicht folgte es ihm aber auch nur, weil es dachte, dass auf der anderen Seite des Spielplatzes mehr los wäre, oder es wurde angelockt von einem neuen Dreirad oder etwas Besserem als einem Holznilpferd.

Der junge Mann bedauerte, dass er nicht wusste, was im Kopf des Kindes vor sich ging.

DIE REISE INS ICH

Ich habe nichts gegen das Reisen, im Gegenteil: Ein junger Mensch muss sich umsehen in der Welt, damit er seinen Platz findet. Diese Regel habe ich lange befolgt: Ich kenne die Bäder von Tokio und die Giftschlangen von Paraguay, ernährte mich in Mexiko eine Woche lang ausschließlich von dem Halluzinationskraut Yage und sah, wie die Inder in Varanasi ihre Toten verbrennen.

Das Reisen an sich darf nie aufhören, sonst fällt der Mensch in den Stillstand, das Ziel seiner Reisen aber muss sich ändern: Irgendwann ist das Glück nicht mehr draußen in der Welt zu finden, sondern drinnen im Menschen – dann muss er erkennen, dass das Weglaufen nichts bringt. Er muss in sein Herz schauen und in sich selbst einen Kontinent aufbauen.

Seit zwei Jahren gehe ich nicht mehr ins Reisebüro, wenn ich weg will, denn ich trage meinen Urlaubsort immer mit mir herum. Darüber können Sie sich jetzt totlachen, doch ich meine es ernst: Meine Seele ist ein Kontinent, größer als Australien und achtmal so hübsch. Er hat sogar einen Namen: Die Fischerwelt. Das ist keine Esoterik, keine Fantasie – diese Welt gibt es tatsächlich, das haben mir schon Frauen bestätigt, die mir vorwarfen, ich würde zuviel Zeit darin verbringen.

Die Entdeckung war schwierig: Viele Jahre vergingen, bis ich herausfand, dass ich ein Universum im Herzen trage, denn ein Mensch wird nicht von Anfang an mit so einer Welt geboren: Wenn er Glück hat, wächst sie in ihm.

Einmal entdeckt, ging die Besiedlung schnell voran: Die Erde meines Herzens ist fruchtbar, Palmen und Olivenbäume gedeihen gut, auch Weizen und Wein wachsen überall. Das Meer, das die Fischerwelt umgibt, ist wild: Die Strömungen sind tückisch, aber es gibt auch ein paar Badebuchten.

Wer die Fischerwelt bereisen will, muss gut vorbereitet sein. Ein Visum ist nötig und muss von mir unterzeichnet werden. Bevor ein Gast Einlass bekommt, muss er außerdem einen Fragebogen über meinen Staat beantworten: Wann wurde er gegründet? Am 23. April 1970. Wer ist unbedingter Monarch? Meine Herrlichkeit. Und Menschen, die nicht einen Mindestbetrag von 10'000 Fischertalern mitbringen, dürfen nicht rein – Bettlerei ertrage ich nicht.

Meist aber gibt es keine Probleme, wenn die Besucher am Flughafen der Fischerwelt landen, dem Fritz Fischer International Airport, benannt nach meinem Großvater väterlicherseits. Eine DC-10 fliegt zweimal die Woche von Hamburg aus, die Reise dauert drei Monate, mein Staat liegt etwas abseits der gängigen Verkehrsrouten.

Wer besucht die Fischerwelt? Meist Stammgäste: Der Schriftsteller Ernest Hemingway zum Beispiel besitzt mit seiner ersten Frau Hadley eine kleine Hütte an der Südküste, am Cap du Poisson. Hemingway fühlt sich wohl bei mir, oft bleibt er ein halbes Jahr, denn er mag das milde Klima und die Haifische, die er hier fangen kann. Wenn ich Zeit habe und meine Frau Jane Russell es erlaubt, fahren wir zusammen raus. Manchmal kommt sogar Knut Hamsun mit, weil ihn der Wind an Oslo erinnert.

Auch der Musiker Leonard Cohen ist ein gerngesehener Gast: Er hat schon viele Lieder geschrieben in der einzigen Bar hier, die von Rita Hayworth und Karen Carpenter geführt wird.

Meist sitzt er mit Albert Camus und Richard Nixon am Tresen, trinkt Rotwein und unterhält sich stundenlang über die Moral des Menschen, was Rita auf die Nerven geht: „Ihr redet immer über die gleichen unabänderlichen Dinge!" beschwert sie sich dann, aber sie ist nur sauer, dass Camus ihr hübsches Dekolleté nicht bemerkt, weil zuhause Jean Seberg auf ihn wartet.

Andere Gäste, die aber meist nur kurz hier sind, weil sie andauernd arbeiten: Brian Wilson, Jack Kerouac, Iggy Pop, João Gilberto und seine Frau Astrud, Serge Gainsbourg und das Model Christy Turlington, mit der ich mal eine Affäre hatte, die Jane mir nur verzieh, weil sie mir praktisch verfallen ist.

Oscar Wilde habe ich ein paar Mal persönlich eingeladen, aber er kommt nicht. Nichts ist zu gut für Oscar, so ist er nun mal, der alte Snob. Selbst über das hervorragende Hotel im Kolonialstil, das Old Herbert Fischer Crown Palace Plaza, meckert er: Angeblich müsse das Holz mal wieder furniert werden.

Solche Beschwerden aber sind egal, wenn Albert, Brian, Iggy, Ernest und ich bei Sonnenuntergang auf der Veranda des Hotels sitzen und Leonard oder Serge zuhören, die auf dem Klavier eins ihrer Lieder spielen, das von einem sanften Ostwind hinter die Berge getragen wird. Die Gäste lauschen andächtig und sind froh, dass sie hier sind, in meinem Staat: Sie loben die Ruhe, die gute Gesellschaft und den Geruch. Es riecht nach Zimt in der Fischerwelt.

Sicher, manchmal gibt es auch einen Sturm: Vor einem Jahr war die Fischerwelt bedroht durch Abwanderung und Landflucht. Wirbelstürme verwüsteten große Landstriche und zerstörten viele der viktorianischen Holzhäuser. Aber wir haben alles wieder aufgebaut, besonders Ernest hat angepackt – hier ist er wieder ganz der Alte.

Darum ist es immer tragisch, wenn ich nach einiger Zeit wieder heraus muss aus der Fischerwelt, weil die Welt draußen meine Anwesenheit verlangt. Besonders kurz nach der Rückkehr sind nur Leere und Trauer in meinem Gesicht. „Hallo, jemand zuhause?" Solche Fragen stellen mir meine Freunde dann, während sie mit ihren Fäusten sanft gegen meinen Kopf hämmern.

Ich schiebe es meist auf die Zeitumstellung.

ZUM PERFEKTEN STRAND, BITTE

Was für den Haifisch gilt, gilt auch für den Menschen: Er muss in Bewegung bleiben, denn wer sich nicht bewegt, den fängt der Tod – der Haifisch sinkt zu Boden und wird zu Plankton, und auch für den Menschen beginnt das Ende: Er wird träge, langsam, unsexy – das sind keine guten Argumente für die Weiterexistenz.

Darum müssen beide, der Mensch und der Haifisch, immer auf der Suche bleiben: Der Hai nach Futter, der Mensch nach dem Seelenfrieden – dem Glück, der Liebe, der Erfüllung.

Diese Dinge sind an vielen Orten zu finden, doch wer sich reinigen will von dem Schmutz seines Lebens, der braucht die Elemente der Welt im Urzustand: Reines Wasser zum Waschen, feinen Sand zum Abschmirgeln und einen Sonnenuntergang, der klar macht, dass jetzt ein neues Leben beginnt.

Logisch, dass diese Dinge nicht in der Stadt, sondern nur an einem Strand zu finden sind, aber an keinem, der versaut ist durch Sonnenschirme, Liegen und Surfer; es muss ein Strand sein, der nicht weniger ist als der perfekte Strand.

Das ist der Auftrag, mit dem mein Freund Til und ich durch Brasilien reisen, das ist unsere Suche: den perfekten, den einzigartigen Strand zu finden, um dort ein Bad zu nehmen, das unsere Seele säubert.

So wie die Hindus nach Varanasi reisen, die Moslems nach Mekka und die Juden nach Jerusalem, so reisen Til und ich zu unserem Strand – mit dem Unterschied, dass Hindus, Moslems und Juden ihr Ziel schon kennen, während wir das unsere ja erst noch finden müssen.

Er ist irgendwo in dem brasilianischen Bundesstaat Bahia versteckt, der perfekte Strand, das wissen Til und ich, denn das Kreuz des Südens, das damals schon die portugiesischen Seefahrer nach Südamerika führte, führte auch uns an die Küste von Bahia.

Hier, in der Hauptstadt Salvador, kommt alles zusammen, was der Mensch assoziiert, wenn er ans Paradies denkt: Das Mutterland Afrika ist anwesend in Form der Schwarzen, die hier seit Jahrhunderten leben und sich mit den Ureinwohnern und den Portugiesen vermischt haben; die Sonne scheint immer so, als hätte sie etwas zu beweisen; die Architektur der Häuser ist hübscher als die von Lissabon; der Cajun-Food und die frischen Schwertfische sind Gottesgeschenke; und die Tropicalismo-Musik der hier geborenen Sänger Gilberto Gil und Caetano Veloso ist Poesie in Reinform.

So ist die Lage: Til und ich sind an der Praia de Ondina, dem Strand von Salvador, die Sonne brennt, ein paar Palmen wiegen sich im Wind – alles gut, doch die Touristen stapeln sich im Sand, und zwischen den Badelaken picken Krähen nach Müll. Das kann er nicht sein, unser Strand, darum muss unsere Mission schnell beginnen.

„Adonde es la playa mas bonita? Wo ist der schönste Strand?" Das ist unsere Frage, und sie verwirrt die Menschen im Sand. „Was ist falsch an diesem Strand?" wollen die Leute mit den bunten Badehosen und den Sonnenmilchflecken im Gesicht wissen – sie verstehen nicht, dass wir ein Wunder suchen. „Ist doch schon perfekt hier", sagen zwei Jungs aus Düsseldorf: „Da drüben sind die Mädchen in den Bikinis, dahinten die Hotels und die Strandbars mit den Salamipizzen, und das Wasser liegt vor uns. Wo ist das Problem?"

Gar kein Problem, doch das ist nicht, was wir wollen, darum fragen wir weiter: Zwei brasilianische Bikinimädchen, die sich weigern, Spanisch zu sprechen; ein paar Fußballer, die Til einen Ball an den Kopf schießen, so dass er kurz ohnmächtig wird; eine alte Engländerin, die uns beschimpft als Naturfeinde, die nur das Unberührte berühren und damit zerstören wollen – es ist ein harter Job, diese Strandsuche.

Bei einem Bier in der Strandbar erörtern Til und ich unser Problem: Die Leute an der Praia de Ondina halten uns für Idioten, weil ihr Bild vom perfekten Strand das Bild des Strandes ist, an dem sie gerade liegen – sie wissen gar nicht mehr, wie ein richtiger Strand aussehen muss. „Die Menschen sind versaut durch hundert Jahre Reiseprospekte", sagt Til: „Sie stellen keine Ansprüche mehr. Was für sie das Paradies ist, ist für uns bloß ein Müllhaufen." „Sehr richtig", antworte ich: „Wir müssen also einen Menschen finden, der einen Strand im Kopf hat, der mit dem in unserem Kopf vergleichbar ist. Einen Menschen mit dem Paradies im Kopf!"

Der Anspruch ist hart, der Anspruch ist schwer, doch er wird eingelöst durch einen älteren Mann mit einer Schiebermütze und einem weißen Halbarmhemd, der uns seit einiger Zeit gefolgt ist. Zuerst dachten wir, der Mann sei ein Ganove, der uns die Sonnenbrillen klauen wolle, doch jetzt kommt er rüber an unseren Tisch.

„Ihr sucht nach etwas?" fragt er in gebrochenem Englisch mit dem Seherblick in den Augen, stellt sich als Carlos vor und nimmt einen Schluck von meinem Bier. „He, Carlos", sage ich: „Wo ist das Paradies?" „El paradiso es en el norte", antwortet er: „Das Paradies liegt im Norden."

Es ist klar, dass ein Mann, der ohne zu zögern auf die Frage nach dem Paradies antworten kann, unser Mann ist. „Carlos", sagt Til: „Morgen gehen wir auf die Suche nach dem Paradies." „Nein", sagt Carlos und zeigt auf ein gelbes Taxi, das am Straßenrand steht: „Morgen *finden* wir das Paradies."

Til und ich sind voller Vorfreude am Abend des Tages, an dem wir unseren Paradiesfahrer gefunden haben. Weil wir wissen, dass Kampf und Entbehrungen auf uns zukommen, kleben wir uns Drei-Tage-Tätowierungen auf die Oberarme und proben harte Gesichtsausdrücke. Ob er sein Messer mitnehmen solle, fragt Til, doch ich besänftige ihn: „Ich glaube nicht, dass das nötig sein wird."

Carlos ist pünktlich am nächsten Morgen. Es ist neun Uhr, als er vor der vergitterten Tür unseres Hotels steht. „El paradiso!" begrüßt er uns, seine Faust ist in die Luft gereckt. „Vamos!" rufen wir zurück, Euphorie und Hoffnung in uns steigen.

Sofort wird klar, dass Carlos ein Meister der Straße ist: Die dreckigen Schnellstraßen um Salvador herum lassen wir durch Überholmanöver aus der Hölle hinter uns; auch die Industrieanlagen im Norden der Stadt rauschen an uns vorbei wie schlechte Träume, die man endlich hinter sich gelassen hat.

Carlos spricht nur wenig, und wenn er redet, schimpft er: „Zuviel Zerstörung, zuviel Verbrechen", brüllt er, dann zündet er sich eine Zigarette an und bläst uns den Rauch ins Gesicht: „Die Wege zum Paradies werden immer länger."

Nachdem wir eine dreiviertel Stunde lang die Küstenstraße Bahias in Richtung Norden gefahren sind, biegt Carlos rechts ab, und ein Lächeln kommt über seine Lippen. Was wir jetzt gleich sähen, würde unsere Herzen glücklich machen, sagt er beim Parken des Wagens auf einem Schotterparkplatz.

Was wir sehen, ist ganz zauberhaft: Die Mündung des Flusses Rio Jacuipe, der sich hier in den Atlantik ergießt. Wir überqueren kleine Brücken und wandern an Palmenhainen entlang, bis wir da sind, wo das Süßwasser des Flusses auf das Salzwasser des Meeres trifft. Wellen schlagen ans Ufer, stolz zeigt Carlos in die Ferne, doch als Til ins Wasser will, wird er fast von drei Jetskis überfahren. Um sicherzugehen, mache ich den Sandtest, indem ich mit den Händen darin herumwühle, doch anstatt ein sanftes Rieseln zu spüren, stoße ich auf Ölklumpen und leere Bierdosen. „Entschuldigung", sage ich zu Carlos, aber das könne nicht das Paradies sein, dort treffe man zumindest auf *volle* Bierdosen.

„Gutgut", sagt Carlos und winkt uns zum Wagen zurück, so als wäre dieser Strand ein Test gewesen – hätten wir ihn akzeptiert, hätte er uns für Touristentrottel gehalten, die durch alles zu beeindrucken sind.

Wie soll er eigentlich aussehen, unser Strand? Darüber denke ich nach auf der Weiterfahrt in den Norden. Wasser, Wellen, Palmen, Sand – das ist klar, doch diese Dinge hat ja jeder Strand. Der Strand aber, den wir finden wollen, muss uns verzaubern und den Eindruck erwecken, als sei er nur für uns gemacht – wie ein Bild, das den Betrachter so einnimmt, dass er danach nicht mehr derselbe ist.

Carlos hält den Wagen; hier sei es jetzt, das Paradies, sagt er und zeigt auf ein Schild mit dem Namen „Imbassai". Ein schöner Name, ein schöner Strand, an dem nur wenige Menschen zu sehen sind, doch etwas stört mich. „Ganz okay, Carlos", sage ich, als ich den weißen Sand und das Meer betrachte, „doch an einem perfekten Strand muss man das Gefühl haben, er gehe ins Unendliche. Dieser Strand aber wirkt so, als wäre er gefangen zwischen den Klippen und dem Meer."

Carlos blickt verständnislos und möchte etwas sagen, doch Til hat schon einen Brasilianerjungen angesprochen und nach dem Weg gefragt. Der Junge zeigt weiter nach Norden – auf so ein Zeichen haben wir gewartet, also ziehen wir Carlos zum Wagen und fahren weiter.

Von jetzt an ändern sich die Dinge: Es ist klar, dass Carlos nicht mehr unser magischer Führer ist, denn sein Bild vom perfekten Strand entspricht nicht unserem – darum lassen wir uns nun von dem leiten, was auf unserem Weg kommen mag.

Und es kommt viel: Stundenlang passieren wir wilde Pferde und Esel, liegen gebliebene VW-Käfer und Bauern, die Heu in die kleinen Orte am Wegrand transportieren. Immer, wenn wir das Gefühl haben, anhalten zu müssen, stoppen wir und fragen nach dem Weg zur Playa Mas Bonita, wie wir unser Ziel genannt haben – die Menschen halten uns allesamt für Wahnsinnige. Wir fragen Kinder und alte Frauen und halten in kleinen Dörfern, in denen nichts zu finden ist außer ein paar Hütten und streunenden Hunden. Ein Ziel ist nicht in Sicht, doch etwas passiert: Unsere

Sinne schärfen sich – die Vorstellung von diesem Strand in unserem Kopf wird konkreter: Es muss einer sein, denke ich, der nicht damit angibt, ein hübscher Strand zu sein; er muss einfach sein.

Irgendwann, es ist schon später Nachmittag und wir haben die ganze Küste zwischen den Stränden Porto de Sauipe, Subauma und Baixios ohne Erfolg abgehakt, wird es Carlos zuviel. Er fährt den Wagen an den Straßenrand und beschwert sich: Darüber, dass wir uns immer weiter von Salvador entfernten und bald schon an der Grenze zum Bundesstaat Sergipe angelangt seien; darüber, dass wir nach etwas suchen würden, von dem wir gar nicht genau wüssten, was es sei; und darüber, dass er Hunger habe. Es werde auch bald dunkel, sagt Carlos und kämpft um unser Verständnis, außerdem komme bald die Ebbe, dann könne man eh nicht mehr baden.

Auch Til und ich sind erschöpft: Die Sonne hat unsere Sinne verwirrt, und obwohl ich einen Hut trage, habe ich das Gefühl, mein Hirn werde geröstet – Bilder von Stränden mit weißem und schwarzem Sand flirren in meinem Kopf herum, ich sehe brennende Palmen, Sandkörner so groß wie Felsbrocken und Geier, die Menschenköpfe zerpflücken.

Til ist ebenfalls nah dran am Irrsinn: Niemals dürfe man die Suche aufgeben, auch wenn sie Jahre dauern würde, brüllt er Carlos und mich an, seine Lippen sind brüchig, da er seit Stunden nichts getrunken hat.

Alles ist düster, alles ist hoffnungslos, darum – anders ist es nicht zu erklären – muss es Magie sein, die uns jetzt rettet: Es sind die Vögel, die die ganze Zeit um uns herumfliegen – zum ersten Mal sind sie weder so schwarz wie die Krähen von Salvador noch so grau wie die Möwen von Subauma. Es sind Seeschwalben – hübsche, aber schreckhafte Vögel, die sich nur dort aufhalten, wo sie garantiert nicht gestört werden.

„Letzte Chance", knurrt Carlos und startet den Wagen. Es dauert nur ein paar Kilometer, bis wir eine Sandstraße kurz hinter dem Ort Seribinha erreichen. „Hier muss es sein", rufe ich und greife Carlos ins Lenkrad.

Unsere Herzen schlagen schneller, als wir aus dem Wagen springen und zum Ufer laufen. Ich bin etwas enttäuscht, als ich einen Holzweg sehe, der zum Wasser führt, doch ein Fischer, der zu ahnen scheint, wo wir hinwollen, deutet auf einen Felsvorsprung, über den wir klettern müssten.

Ich weiß nicht mehr, wer als erster da war, wer den ersten Blick bekam auf das Meer, das ans Ufer klatschte und diese unendliche Fläche Sand. Ich weiß auch nicht mehr, ob wir sofort unsere

Sachen auszogen oder uns zuerst verbeugten vor dem, was wir fanden. Alles, was ich weiß, ist: Der Strand, der vor uns lag, zeigte uns, wie ein richtiger Strand zu sein hat: Nicht blendend weiß, sondern pur und wild, ein kleines bisschen schmuddlig und gefährlich – nicht domestiziert wie eine Bacardi-Bucht oder die Bilder dieser Postkarten, die einem Freunde immer aus Hawaii schicken.

Das Wichtigste aber: Dieser Strand, unsere Playa Mas Bonita, bewies Carlos, Til und mir: Wir waren in Bewegung, wir waren Haifische.

Es tat unglaublich gut, das zu wissen.

DIE KÄSE-
KUCHEN-
SITUATION

Moti Finkelstein hatte eigentlich keinen Grund, sich zu beschweren. Mit gerade mal dreißig Jahren war die Art Verfall, die schnell wie ein ICE in den Tod führt, noch nicht so nah, dass sie ihn jeden Morgen mit einer kleinen Verbeugung im Spiegel begrüßt hätte. Sicher, die Haare wurden dünner, irgendwann müssten sie ganz ab, doch ein Mann mit Glatze gilt ja heutzutage nicht mehr als Greis, sondern als Sexsymbol. Überhaupt ging es Finkelstein körperlich gut, auch wenn er nicht wie andere Männer seines Alters jeden Tag zehn Runden durch den Wald lief oder auf fettfreie Nahrung achtete: Weder über einen dicken Bauch noch über einen schlaffen Hintern konnte er sich beklagen, obwohl er täglich ein Stück Käsekuchen aß, mit Sahne. Vielleicht würde er irgendwann mal mit dem Rauchen aufhören müssen, aber auch das schien noch Zeit zu haben, denn husten tat er nur, wenn er sich an dem Käsekuchen verschluckt hatte.

Was die Arbeit betraf, beneideten Finkelstein alle Menschen, die er kannte: Da er freiberuflich für Magazine schrieb, die seine Meinung zu den verschiedensten Themen haben wollten, musste er nirgendwo zu einer festen Zeit erscheinen. Er lieferte einfach seine Manuskripte ab, bekam sein Geld überwiesen und konnte den Rest der Zeit mit Büchern, Kinofilmen, Kaffeetrinken und eben Käsekuchenessen verbringen.

Kein schlechtes Leben, ein Leben mit Sahne sozusagen, und sogar die finanziellen Probleme von früher kannte Finkelstein nicht mehr. Zwar war er nicht gerade wohlhabend, doch für ein bis zwei längere Reisen im Jahr reichte sein Verdienst, auch regelmäßig neue Schuhe und Kleider waren drin, zuletzt ein leichter Sommeranzug. Ja, er hatte sogar etwas sparen können, damit er auch im Alter nicht wie ein Hund würde leben müssen!

Eine Frau gab es im Moment nicht in Finkelsteins Leben, aber das war nichts Besonderes: Zum einen sind die wenigsten Männer mit dreißig schon verheiratet, zum anderen war es für ihn nie eine Schwierigkeit gewesen, eine Frau kennen zu lernen. Ja, für die Frauen, mit denen er bislang zusammen gewesen war, musste er sich keinesfalls schämen, im Gegenteil: Aneinandergereiht ergaben die Porträtfotos, die er sich zu Anfang jeder Beziehung hatte geben lassen, eine ansehnliche Galerie von knapp zwanzig Gesichtern, die allesamt sehr hübsch anzusehen waren.

Die verschiedensten Typen waren dabei: Frauen mit kurzen Haaren und Frauen mit langen; blonde Frauen und brünette; schmale und üppigere; solche mit großen Brüsten und solche mit kleinen. Finkelstein war zusammen gewesen mit Frauen, die älter und klüger waren als er und umgekehrt; er hatte Mädchen geliebt, die schon Mütter waren, Mädchen, die niemals ein Kind haben wollten, und Mädchen, die sich über solche Dinge noch gar keine Gedanken machten. Sogar die Lippen einer berühmten deutschen Schauspielerin hatte er mal geküsst – gab es viele Männer, die so was von sich behaupten konnten?

Ein Filou, ein Abenteurer, ein Romantiker sei er, sagten Finkelsteins Freunde voller Respekt und Bewunderung – ein Mann, der immer und überall eine Frau finden würde, wenn er es denn wirklich wolle. Und bestimmt war es auch so.

Das Problem, das Finkelstein an diesem völlig normalen Dienstagnachmittag einer völlig normalen Woche gänzlich unvorbereitet traf, als er vor einem Stück Käsekuchen in seinem Lieblingscafé saß, war, dass er nicht existierte.

Es war ein absolut unbedeutender Satz im Feuilleton der „Süddeutschen Zeitung", der ihn auf dieses Problem gestoßen hatte – ein so genanntes Klischee. Es ging um einen berühmten Schriftsteller, der vor ein paar Tagen gestorben war, an einer Krankheit und viel zu früh für sein Alter, und der Nachruf des Kollegen, der zum Tode dieses Mannes in der Zeitung erschien, endete mit dem Satz, dass, egal, was die Zukunft bringe, ebendieser Schriftsteller in unserer Erinnerung weiterlebe – wegen seiner Werke, wegen seiner Person, wegen seiner Einzigartigkeit.

Eigentlich gehörte dieser Satz voller Pathos, voller Schwere sofort überblättert und vergessen, doch Finkelstein legte die Gabel mit dem Käsekuchenstück auf den Teller. Für wen war er einzigartig und unvergesslich?

Für meine Eltern!, dachte Finkelstein erleichtert, und von den Eltern ging er weiter zum Rest seiner Verwandtschaft, zu Tanten, Onkeln und Kusinen, doch nach ein paar Sekunden strich er all diese Namen von der Liste, denn für die Eltern, für unsere Herkunft können wir nichts – wir haben sie nicht verdient, sie haben uns nur geschaffen und den Grundstein für unsere Existenz und die mit ihr verbundenen Probleme gelegt.

Die Sonne schmolz die Sahne auf Finkelsteins Teller, während er weiter überlegte.

Die Frauen!, dachte er dann. Frauen hatten doch angeblich so ein gutes Gedächtnis, und alle, die er geliebt hatte, würden sich an ihn erinnern, an den Spaß, den sie zusammen hatten, an die Gespräche, an die Reisen, an das Leid und an die Tränen und an ihre Körper, während sie ...

Aber würde es wirklich so sein?, fragte sich Finkelstein. Der Mensch, das hatte er irgendwo mal gelesen, erinnert sich immer am besten an die Momente seines Lebens, in denen er das größtmögliche Leid oder die größtmögliche Freude verspürte. War er je Teil des größtmöglichen Moments einer Frau gewesen? Waren die Freude, die er ihr geschenkt, und das Leid, das er ihr bereitet hatte, die größtmögliche Freude, das größtmögliche Leid?

Er erinnerte sich an die Frauen, die er geliebt hatte: An Claudia, seine erste Freundin, ein leicht molliges Mädchen mit dem Gesicht der jungen Romy Schneider. Zwei Jahre waren die beiden zusammen gewesen, eine wunderbare Zeit des ersten Sex, der ersten Pläne für die Zukunft, der ersten so genannten Ernsthaftigkeit nach dem Ende der Schulzeit. Doch so jung die beiden waren – Claudia hatte vor ihm schon einen anderen Jungen gehabt, mit dem sie die allererste Liebe erlebt hatte, drei Jahre lang, das Mädchen war frühreif. Als Finkelstein sie verließ, wollte Claudia ihn zurück, aber als er sie später mal wieder traf, hatte sie schon einen anderen, mit dem sie eine Abtreibung erlebt hatte, vielleicht war es sogar wieder ihr erster Kerl.

Er erinnerte sich an Jessica, ein dünnes Mädchen mit dem Gesicht der jungen Jean Seberg, die er während seiner kurzen Zeit als Student der Amerikanistik kennen gelernt hatte. Ein halbes Jahr lief er mit ihr durch die Klubs und Bars von Hamburg, sie zeigte ihm die Welt der Nacht, doch die beiden waren mehr Freunde als Geliebte, und kurz darauf verließ sie ihn für einen Dichter, von dem sie sich nie wieder erholen sollte.

Er dachte an Johanna, die Grafikerin, die sechs Jahre älter war als er und um die er ein Jahr lang kämpfen musste, bis sie ihn, an Weihnachten, endlich in ihr Bett ließ. Zwei Jahre waren die beiden ein Paar, und als er sie verließ, kam sie ein weiteres Jahr nicht über die Trennung hinweg, doch heute ist sie die glückliche Frau eines Berliner Architekten, mit dem sie alle paar Monate durch die Welt reist, um neue Häuser zu bauen.

Er dachte an Stefanie, ein Mädchen, das stets zwischen totalem Glück und totaler Verzweiflung pendelte, die Exfreundin eines anderen Journalisten. Mit ihr war Finkelstein auf viele Reisen gegangen, sogar eine gemeinsame Wohnung wollten die beiden, doch kurz bevor es dazu kam, flüchtete er vor dieser Verantwortung, und so verschwand auch sie aus seinem Leben und machte sich auf die

Suche nach einem Mann, der ihr diesen Wunsch erfüllte. Sechs Wochen später fand sie ihn und lebt heute mit ihm in einem Luxusapartment.

Der Käsekuchen schwamm schon in einem See heißer Sahne, während Finkelstein fortfuhr, sich an die Frauen seines Lebens zu erinnern: an Ulrika, die Schwedin; an Daniela, die aussah wie Uschi Glas mit mehr Hintern; an Lotta, Ines, Marnie und Francesca. Affären und Verhältnisse waren genauso darunter wie längere Liebesbeziehungen. Mit jeder von ihnen hatte Finkelstein das ganze Spektrum der Liebe erlebt, mal mehr, mal weniger: Freude und Leid, Abenteuer und Langeweile, Leidenschaft und Irrsinn – doch all diese Erinnerungen konnten ihn nicht darüber hinwegtäuschen, dass er für keine einzige dieser Frauen die große, die größtmögliche Liebe gewesen war. Selbst der größte Trottel konnte ja von einer Frau erzählen, der er mal alles bedeutete, die er für den Rest ihres Lebens unvergesslich prägte, doch Finkelstein war wie ein Schauspieler, der immer nur für Nebenrollen besetzt wird und dessen Präsenz höchstens die Dramatik zwischen den Hauptdarstellern verschärft. Er konnte sich ja noch nicht mal eine Entjungferung aufs Konto schreiben!

Lag es an ihm? War Finkelstein nur eine mäßig interessante Person, mit der die Frauen sich nach einer gewissen Zeit langweilten? Oder war er zu aufregend, zu wild, konnte man sich nicht auf ihn verlassen? Oder war es am Ende er gewesen, der die Frauen immer wieder vertrieb und ihnen gar nicht erst die Chance gab, sich irgendwann einmal voller Leidenschaft an ihn zu erinnern? Hatte er einfach noch nicht die richtige getroffen? War er immer bloß geflüchtet, wie ihm oft vorgeworfen wurde?

Finkelstein dachte nach über sich: Sicher, er war kein ausgesprochen guter Mann, genau so wenig wie er ein ausgesprochen schlechter Mann war. Was seine Moralvorstellungen betraf, hielt er sich jedoch für jemanden, der über dem Durchschnitt lag: Weder hatte er jemals einer Frau die absolute Liebe vorgespielt, noch hatte er sie absichtlich verletzt, um an ihrem Schmerz seine Eitelkeit zu befriedigen. Selbst betrogen hatte er kaum eine Frau, nur einmal, und dann war ihm sofort klar, dass er sie verlassen musste, weil die Liebe ja nicht so groß gewesen sein konnte. Nein, Finkelstein war weder ein Lügner noch ein Schweinehund.

Seine letzte Trennung lag erst ein paar Wochen zurück. Vier Monate lang war er glücklich gewesen mit einer Frau namens Nathalie, für ihn hätte dieser Zustand noch viel länger dauern können, doch von einem Tag auf den anderen verließ sie ihn.

„Unsere Lebensrhythmen passen nicht zusammen", sagte sie.

„Wie gehen die denn?" fragte er.

„Meiner geht verlässlich, wie ein guter Herzschlag. Deiner schlägt mal nach oben, mal nach unten aus, wie ein progressives Musikstück."

„Hmh", sagte er.

Finkelstein schrieb ihr noch ein paar Briefe, doch sie antwortete nicht, und wenn er ehrlich war, wusste er, dass er diese Briefe mehr für sich geschrieben hatte.

Die Sahne des Käsekuchens warf Blasen, als Finkelstein klar wurde, dass nach dieser Trennung trotzdem etwas anders geworden war: Wollte er früher die Welt in Stücke schlagen, weil sie ihm kein Glück gewährte, empfand er diesmal anstelle von Trauer nur Taubheit. Um bei der Schauspielerei zu bleiben: Er wunderte sich nicht mehr, dass er wieder nur eine Nebenrolle bekommen hatte – er hatte sich damit abgefunden.

Finkelstein fragte sich: War es so, dass man irgendwann nicht mehr lieben konnte, nicht so jedenfalls, wie man es früher vermocht hatte? Schützte sich der Körper vielleicht nach einer gewissen Anzahl von Lieben, indem er die Fähigkeit dazu auf ein erträgliches Maß herunterschraubte? Auf ein Mittelmaß?

Es heißt, dass die Erkenntnis plötzlich über uns kommt, wie ein Pistolenschuss oder ein Blitzschlag, doch das ist nicht wahr, zumindest nicht in Finkelsteins Fall. Als er still den undefinierbaren Matsch auf seinem Teller betrachtete, wusste er auf einmal genau, dass ihm die Einzigartigkeit und das Schicksalhafte, die sich die anderen Menschen für ihr Leben wünschen, niemals beschieden sein würden. Denn bei all diesen Menschen ging es immer darum, den Einen oder die Eine zu finden und für immer dort zu bleiben.

Bei Finkelstein war es anders. Nie, das wusste er nun so deutlich wie nie zuvor, war es ihm um den einen Menschen gegangen, denn Finkelstein war Zeit seines Lebens ein Sammler gewesen – von Menschen, Orten und Momenten. Ja, dachte Finkelstein – nichts anderes bin ich als ein Momentesammler. Wie einer von diesen alten Männern, die Briefmarken aneinanderreihen und sie in Alben kleben und diese Alben nur herausholen in den Augenblicken, die zwischen dem Prozess des Sammelns liegen – in den Pausen.

In genau so einer Pause befand sich auch Finkelstein an diesem Dienstagnachmittag. Er hatte nie an das geglaubt, was andere Leute Schicksal nennen, und auch jetzt ging er nicht soweit, dieses Wort zu benutzen, doch um eine unumstößliche Wahrheit kam er nicht herum: dass es Menschen gibt, die völlig unbewusst die Art Unsterblichkeit anstreben, die sich in einer Person, in einem Gegenüber manifestiert, mit dem man im Fall der größtmöglichen Unsterblichkeit sein ganzes Leben verbringt. Allein darauf beruht das Prinzip der romantischen Liebe, wie sie in Filmen, Büchern und Popsongs beschrieben wird.

Menschen wie Finkelstein hatten sich – ebenso unbewusst – für die andere Alternative entschieden. Für die Alternative, mehr zu erleben und mehr zu sehen von der Welt, zu dem Preis, dass sich die Welt nicht ganz so gut an sie erinnern würde, zu dem Preis, dass sie eigentlich nur für sich selbst unsterblich waren – wie ein Lexikon, in dem alles drinsteht, das aber nur von einem einzigen Menschen gelesen wird.

Während die Anhänger der romantischen Liebe Steinschlösser bauen, bauen Männer wie ich nur Sandburgen, dachte Finkelstein. Das war nicht traurig, es war einfach so. Es gab kein Gesetz. Woher aber kam seine Sehnsucht? War sie nur ein Phantomschmerz, den ihm irgendjemand eingeredet hatte?

Genug überlegt, dachte Finkelstein, blickte auf den Matsch auf seinem Teller, nahm die Gabel und aß etwas davon.

Der Käsekuchen schmeckte ganz genau wie immer.

SANKT
PAULI
GIRL

Es fällt mir schwer zu sagen, wie ich sie traf und wo. Aber es ist schon ein paar Jahre her, und nach ein paar Jahren vergeht die Scham – so heißt es doch, oder nicht? Jedenfalls:

Entgegen der generellen Erwartung kam sie nicht aus der Tschechei, auch nicht aus Polen oder Russland.

Sie kam aus Wuppertal.

Zuerst war sie nur wegen des Studiums nach Hamburg gezogen: Pädagogik, Germanistik und Psychologie, wie ich glaube.

Aber da ging sie bald nicht mehr hin.

Ich wohnte damals in der Davidstraße, im vierten Stock eines Hauses, von dem aus man direkt in die Herbertstraße gucken konnte; wenn meine Freunde und ich etwas getrunken hatten, warfen wir nachts manchmal Wasserbomben auf die Freier. Die Nutten bekamen nichts ab, die saßen ja geschützt hinter ihren Fenstern, aber sauer waren sie natürlich trotzdem, weil wir ihnen das Kapital verscheuchten.

Wenn meine Freunde und ich noch mehr getrunken hatten und uns das Wasserbombenwerfen langweilig wurde, gingen wir aus, in eine Tanzbar, in den Mojo-Club oder – wenn wir besonders verzweifelt waren – auch mal in ein Pornokino. Und in so einem Pornokino sah ich sie zum ersten Mal.

Ich weiß nicht, wie vertraut Sie mit Pornokinos sind, aber sicherlich vertraut genug, um zu wissen, dass man dort nicht unbedingt das Paradies erwartet. Man erwartet so ein „Gute Zeiten Schlechte Zeiten"-Neonlicht; man erwartet gammelige Sexposter, unangenehmen Geruch und Männer, die aussehen wie Vergewaltiger. Garantiert aber erwartet man kein wunderhübsches Mädchen.

Sie stand im Vorraum des Kinos, ganz in der Nähe der Kasse und schaute sich die Hüllen der Videos an, die Sexspielzeug-Sonderangebote auf dem Grabbeltisch und – nun ja – die Gäste.

Also auch mich.

Ich wurde sofort rot, als sie mich ansah; ich fühlte mich ertappt als jemand, der vor den Gesetzen des offiziellen Liebesmarkts, der normalerweise bei der Arbeit, beim Ausgehen oder in irgendwelchen Straßencafés stattfindet, kapituliert hatte und sich stattdessen nun in solchen Läden herumtrieb, auf der Suche nach irgendeiner preiswerten Ersatzbefriedigung.

Sie lächelte.

„Hallo", sagte ich, um etwas Normalität in die Situation zu bringen – als wären wir in einem Waschcenter oder so. Fiel mir aber schwer, das mit der Normalität.

„Hallo", grüßte sie zurück.

„Wer ist das denn?" fragte einer meiner Freunde, der eben noch ein paar Gummipuppen begutachtet hatte. Der Blick, mit dem er sie ansah, ließ mich sofort bereuen, überhaupt jemals etwas mit ihm zu tun gehabt zu haben.

„Das ist Mona", sagte ich, nahm sie am Arm und zog sie nach draußen.

„Mona?" fragte sie, als wir vor der Tür standen: „Das ist aber interessant."

„Es gefiel mir nicht, wie er dich angesehen hat", sagte ich: „Was tust du überhaupt in so einem Laden?"

„Haben Frauen hier keinen Zutritt, oder was?" blaffte sie.

„Doch, aber ... du bist irgendwie ... zu hübsch für so eine Welt", versuchte ich zu erklären.

„Und du bist hässlich genug, um eingelassen zu werden?"

Haha!

So lernten wir uns kennen an diesem Abend: Nachdem Mona mir erklärt hatte, dass sie nicht Mona, sondern Lena heiße, wollte ich sie auf einen kleinen Spaziergang über die Reeperbahn einladen – doch am Ende war es eher sie, die mich einlud.

Ich hatte mich immer für einen Spezialisten gehalten, was die ganzen Clubs und Bars auf dem Kiez anging; ich bildete mir ein zu wissen, zu welcher Zeit man wo sein musste, um den größten Spaß zu haben – wann im Pudel, wann im Mojo-Café, wann im Hans-Albers-Eck und wann in der Rosie's Bar. Nachdem wir das aber alles durchhatten, begann Lena, mir *ihre* Orte zu zeigen – und die unterschieden sich ziemlich stark von denen, die ich bislang kennen gelernt hatte.

Allein im näheren Umkreis der Davidstraße, wo ich ja wohnte, führte mich Lena innerhalb von wenigen Stunden in Bars, in denen zahnlose sechzigjährige Transen in Hochzeitskleidern zur Musik der Backstreet Boys auf den Tischen tanzten; sie führte mich Treppen hoch in vermuffte Kneipen, in denen Türken und Deutsche Schutzgeldpreise aushandelten; und Treppen runter in die Hinterzimmer irgendwelcher Tattoo-Studios, wo sich zwei Schwule Harfen spielende Barockengel in die Arschbacken stechen ließen. Lena führte mich in Hotelbars, in denen sich die Nutten nach der Arbeit trafen, und in Puffs, die keine Puffs waren, sondern Kokaindepots.

Sie führte mich in die alte Welt des Kiez ein, die Welt der Klischees, die wir von Bildern aus den Sechzigern und Siebzigern kennen; die Welt von Schweiß, Leder und sexuellen Verwirrungen; die Welt der tausend Alternativen zu dem, was die meisten anderen „Liebe" nennen.

Ich hatte diese Welt immer für tot gehalten, für ausrangiert, und es überraschte mich, dass es all diese Dinge immer noch zu geben schien; dass sie überlebt hatten zwischen den Neonreklamen und Fernsehschirm-Installationen von „World Of Sex"-Läden und Geschäften für Mobiltelefone.

„Mein Gott", sagte ich, mehr zu mir selbst als zu ihr: „Woher kennst du all diese Orte?"

Die Antwort bekam ich erst, als wir irgendwann frühmorgens in ihrer Wohnung landeten. Nicht nur war sie voller Sexspielzeug, das Lena wie kleine Skulpturen auf Tische und Regale gestellt hatte, nicht nur hingen überall Bilder von fickenden Pärchen herum – Lena hatte auch Pistolen: eine Mauser, eine Walther, einen Smith & Wesson-Revolver; und dazu noch Wurfsterne, Zwillen, Peitschen. Ihre Wohnung war ein Sex & Crime-Museum.

Am verstörendsten aber war ein Riesenfoto von einem jungen Pärchen, das durch eine Art Dschungel auf ein Licht zuging, das sich am Horizont befand.

„Adam und Eva?" fragte ich. „Das kann ich mit Worten nicht erklären", sagte Lena und zog mich aufs Bett.

Der Sex mit ihr war seltsam: Vielleicht hinkt der Vergleich, aber es war wie Sex mit einer Hure, die dafür kein Geld wollte. Es war wie etwas, das ich nicht verstand.

Trotzdem sah ich sie dann öfter. Ich fand heraus, dass sie kein Geld zu verdienen brauchte, weil ihre Eltern in Wuppertal sehr reich waren und immer noch dachten, sie studiere an der Uni.

Stattdessen studierte Lena den Kiez. An jedem Ort dieser Welt, so ihre These, sei alles anwesend: die Hölle und das Paradies, Licht und Dunkel – Reinheit an sich existiere nicht. Und Sankt Pauli, diese Welt, die auf den Anspruch an Reinheit von vornherein verzichtet und in der jeder versucht, irgendetwas zu finden, ob nun Spaß, Sex, Erniedrigung oder sich selbst, war ihr Forschungsobjekt.

Sie legte so eine Art Atlas an – einen „Atlas der Lust", wie sie es nannte: „Denn wer das Geheimnis der Lust der Menschen kennt, ihrer Lust, sich zu verletzen und sich immer wieder auszuliefern, der kennt das Geheimnis des Menschen."

Einmal, wir kannten uns nun seit ein paar Wochen und waren meiner Meinung nach das, was man ein „Paar" nennt, stand ich nachts vor ihrer Tür. Wer aufmachte, war nicht sie, sondern ein Einarmiger in einem Lederbikini. Neben ihrer Stimme kam aus dem Schlafzimmer noch die eines anderen Mannes: „Wer zum Teufel ist das, mitten in der Nacht? Will der mitmachen?"

Beim Weglaufen fiel ich fast die Treppe hinunter.

Vor ein paar Tagen lief ich mal wieder über den Kiez, obwohl ich schon seit Jahren nicht mehr dort wohne. Ein Freund und ich waren in einem Café am Hein-Köllisch-Platz miteinander verabredet, und als ich auf dem Weg dahin an einem Stripclub vorbeikam, einem kleineren, der so aussah, als gebe es ihn schon seit dreißig Jahren, sah ich am Eingang ein Schild, auf dem ein Bild von Lena war. Sie trug einen Glitzerbikini, war fast am ganzen Körper tätowiert und hatte eine Riesenschlange um den Hals, eine Boa, glaube ich. Über dem Foto stand: „Meet Mona, the Original Sankt Pauli Girl".

Ganz kurz überlegte ich, ob ich reingehen sollte, aber ich entschied mich dagegen.

Es war nicht die Riesenschlange, die mich irritierte.

Es war der Name.

„STYLE"

So dachte ich mir die Sache damals: Wenn der Mensch reist, reist er per Bus, Bahn oder Flugzeug. Alle diese Transportmittel sind okay, denn sie bringen den Menschen von einem Punkt der Erde zum nächsten. Die wahre Freiheit des Reisens aber bekommt der Mensch so nicht zu spüren: Er ist immer nur Transportgegenstand, er kann den Verlauf der Reise nicht ändern, wie er gerade lustig ist. Der wirklich frei Reisende ist ein Mensch, der mit dem Taxi fährt. Wer das tut, ist zugleich Kapitän, er kann bestimmen, wann angehalten wird und wo es langzugehen hat, und er hat in seinem Fahrer auch noch einen Kompagnon zur Seite, der sich auskennt im Land. Wäre Jack Kerouac, anstatt zu trampen und auf Züge aufzuspringen, mit dem Taxi gefahren, er hätte noch bessere Orte entdeckt, doch das Taxifahren ist teuer, nur der Dandy kann es sich leisten. Es sei denn, man mietet sich ein Taxi in Indien: Eine Reise von zwei Wochen kostet dort nicht viel mehr als zwei Stunden Stadtfahrt in München oder Hamburg. Das ist natürlich sehr praktisch für den Reisenden.

Die fünf indischen Musiker in der Bar in Madras spielten „Come Together" und „Love Me Do" von den Beatles, bevor sie mir von Kanyakumari erzählten. Man könne nicht einfach so in einem Land herumfahren, ohne sein Ende gesehen zu haben, meinte der Gitarrist. Das sei wie mit einem Buch – auch da müsse man den Schluss lesen, um es zu verstehen.

Kanyakumari liegt an der Südspitze Indiens, im Staat Tamil Nadu, wo der Golf von Bengalen, das Arabische Meer und der Indische Ozean zusammenfließen. Ein Bad in diesem Wasser reinige die Seele, erzählten der Trommler und der Sitarist. Auch gehe dort der Mond zur gleichen Zeit auf, wie die Sonne unter. Sehr gute Gründe für eine Reise dorthin, dachte ich.

„Kanyakumari ist ein Ort der Mystik", sagten der Sänger und der Bassist noch und lächelten, als sie mir die Adresse eines Fahrunternehmens gaben. Ich solle dort nach Raju fragen. Er kenne sich aus im Süden Indiens wie kein zweiter. Außerdem sei er sehr schlau.

Ich langweilte mich in Madras, denn die Stadt ist sehr staubig und hat neben Filmfirmen und Textilfabriken nicht viel zu bieten, darum ging ich gleich am nächsten Tag zu dem Fahrunternehmen. Sein Besitzer sah aus wie jemand, der Glück hat bei den Frauen: Er trug ein sauberes Hemd und eine Brille von Porsche, seine Haare waren pomadisiert. Ich wolle nach Kanyakumari, erklärte ich ihm, und ich wolle diesen Mann, der Raju heiße. „In Ordnung", sagte der Besitzer.

Ich bezahlte 12'000 Rupien für zehn Tage Taxifahrt und ging zurück in mein Hotel, um auf den Fahrer zu warten. Ruhe und Zufriedenheit kamen über mich, während ich am Pool lag und in einem Buch von Nathanael West las. 20'000 Libellen schwirrten über meinem Kopf herum.

Der Mann, der mich abholte, sah aus wie Groucho Marx: Er hatte X-Beine, einen Rundrücken und einen Schnurrbart, unter dem zwei Schneidezähne hervorblitzten. Das klingt lustig, doch in seinem Gesicht war das Wissen um das Schicksal der Welt.

Der Wagen, den er fuhr, war der schönste, den ich je gesehen habe: ein viertüriger Ambassador in Weinrot, hergestellt von Hindustan Motors in Kalkutta. „Ich bin Raju", stellte der Fahrer sich vor, ansonsten sprach er nicht viel. Nur „Style" sagte er mit Stolz in den Augen, als er auf den geputzten Lack des Wagens zeigte. Raju sagte immer „Style", wenn ihm etwas gefiel.

Wir wollten keine Zeit verschwenden, darum fuhren wir sofort Richtung Mamallapuram, das ist ein Ort etwa sechzig Kilometer südlich von Madras. Eine Reise ohne Musik ist keine richtige Reise, denn es fehlt der Soundtrack – das ist meine Überzeugung. Darum hielten wir an einem Musikladen. Ich kaufte Tapes von Madonna, Johnny Cash, Bing Crosby, Monster Magnet, Oasis, Elvis Presley, Carly Simon, Nirvana, Sly & the Family Stone, Elvis Costello und Take That. Der Laden war halbleer, als ich ihn verließ, und Raju freute sich.

Madonna sang „Into the Groove" im Discomix, als Raju und ich in Mamallapuram ankamen. Ein Hämmern drang an unsere Ohren. Es stammte von den vielen Bildhauern und Steinmetzen – die Götterfiguren der Hindus werden hier hergestellt. Wir badeten in der Nähe eines alten Strandtempels, dann setzten wir uns ins La Vie En Rose, ein Café an der Hauptstraße, das einem Franzosen gehört, der wegen illegaler Warentermingeschäfte sein Land verlassen musste.

„Der Weg in den Süden führt über den Weg der Magie", sagte Raju. Er schlug vor, dass wir am nächsten Tag nach Tirupati fahren sollten, das wegen seines Goldtempels täglich von mehreren tausend Menschen besucht wird. Der Weg dorthin war noch weit, darum schlug Raju vor, die Nacht in Madras bei seiner Familie zu verbringen und am Morgen weiterzureisen.

Johnny Cash sang „The Night Hank Williams Came to Town", als wir zurück in Madras waren. Die Wohnung lag in einer Art Neubaugebiet. Sie war sehr klein, aber in mehrere Räume unterteilt. Zwei der Räume waren Tempel – ein Hindutempel und ein Altar mit dem Foto eines Bruders von Raju, der jung an einem Hirnschlag gestorben war.

Der Großteil von Rajus Familie schlief schon, seine drei kleinen Brüder und Schwestern lagen auf dem Boden herum, dazwischen saß Masthwi, Rajus Mutter, sie hielt eine kleine Katze im Arm. Rajus ältester Bruder lag auf dem einzigen Bett der Wohnung, Sankar, sein Vater, saß daneben und rauchte eine Zigarette. Er erzählte, dass er als Goldschmied in der Stadt arbeite und in Singapur geboren sei. Geetha, Rajus Frau, breitete mir für die Nacht eine Decke auf dem Boden eines Nebenzimmers aus. An der Wand klebte eine dicke Spinne, doch sie bewegte sich nicht.

Raju legte ein Lied von der Goombay Dance Band auf, bevor wir am nächsten Morgen losfuhren – „Sun of Jamaica". Er malte mir ein rotes Tika auf die Stirn: Das Erkennungszeichen der Hindus sollte meiner Seele den Frieden bringen.

„Den hast du nötig", sagte Raju.

Eine Räucherkerze glimmte auf dem Armaturenbrett, Affen und Meerkatzen kreuzten unseren Weg, und Take That sangen „Never Forget".

Raju kannte die Strecke, doch selbst wenn er sie nicht gekannt hätte, hätten wir uns nicht verfahren können: Je näher wir rankamen an den heiligen Berg Tirumala, auf dem der Tempel steht, desto länger wurden die Ströme von glatzköpfigen Männern, Frauen und Kindern auf dem Rückweg ihrer Pilgertour. „Ein rasierter Kopf ist wichtig auf dem Weg zur Erleuchtung", sagte Raju.

Zigaretten und Alkohol sind verboten in Tirupati, doch das Essen, das der Tempel anbietet, ist umsonst. Wir aßen in einem Restaurant am Stadtrand. Dann legten wir uns schlafen in einem kleinen Hotel des Ortes. Die Angestellten hatten keine Glatzen. Sie trugen Fönfrisuren, und ihre Fingernägel waren lang. „Heute hast du gelernt, was die Hindus tun", sagte Raju vor dem Einschlafen. „Morgen zeige ich dir, was die Weißen tun, wenn sie nach Indien kommen."

Elvis Costello sang „Everyday I Write the Book" und „Welcome to the Working Week", als wir am nächsten Tag in Pondicherry ankamen, einer ehemals französischen Kolonie, die erst spät Teil der Indischen Union wurde. In dem Küstenort befindet sich der Ashram von Sri Aurobindo, einem Guru, der Anfang der zwanziger Jahre eine neue Form des Yoga entwickelte. Der Nebenort Auroville ist ein futuristisches Dorf, dessen Bewohner sich als eine Art Weltgemeinde begreifen. Auf den Fotos sieht Sri Aurobindo aus wie ein irrer japanischer

Sektenführer, doch die Aurobindos verstehen sich weder als Sekte noch als Religion – ihre Grundsätze sind die der Meditation und der Toleranz.

„Menschen aus dem Westen haben das Ausruhen nötiger als Menschen aus dem Osten", sagte Raju und zeigte auf die vielen Weißen vor dem Blumenaltar. Ein Junge aus Deutschland sah aus wie Jesus mit seinen blonden Haaren und dem Vollbart. Neben ihm kniete eine 85-jährige Amerikanerin, die mal Dozentin für Literatur war. In ihrem Gesicht lag die Ruhe einer Angekommenen. Die Frau erzählte von dem Frieden, den sie finde, und davon, dass die Zeiten besser würden, schließlich habe es seit 1945 keinen richtigen Krieg mehr gegeben. Überzeugender als ihre Erzählungen war ihr Aussehen: Trotz ihres Alters und eines Karzinoms auf der Nase wirkte sie so frisch wie die Streifenhörnchen, die auf dem Blumenbeet herumturnten.

„Kannte Sri Aurobindo das Geheimnis vom Quell der Jugend?" fragte ich Raju. „Es gibt keinen Quell der Jugend", antwortete er: „Es gibt nur den Weg des ewigen Leidens." Er sagte nichts mehr danach.

Auf dem Weg nach Auroville hörten wir „Cage Around the Sun" und „Cyclops Revolution" von Monster Magnet. Die Gitarren dieser Band sind der Irrsinn, und der Irrsinn ist auch dieses Dorf:

Es gab nur einen Flötenspieler, der auf dem Rasen saß und eine Melodie spielte, die Gegend um das Informationszentrum wirkte wie ein Sanatorium. Ein Führer brachte uns durch einen Garten hindurch zum Matrimandir, dem Symbol des Ortes: einer gigantischen Stahlkugel, in deren Inneren sich eine Meditationshalle und ein Glaskristall von Zeiss befinden. Um das Matrimandir herum liegt Sand aus allen Ländern der Erde. Irgendwo in dem Haufen ist auch eine Urne versteckt, die Dokumente über die Gemeinde enthält. Bei einem Gewitter vor ein paar Jahren haben hier mal zwei Holländer so lange in dem Sand herumgewühlt, bis sie die Urne fanden. Sie wollten sie vor feindlichen Ufos retten, deren Ankunft sie erwarteten. Kein Mensch weiß, was aus den zwei Holländern geworden ist.

Abends aßen Raju und ich im Le Club, einem Westrestaurant in der Nähe des Piers. Aus der Anlage des Restaurants kamen „Smooth Operator" und „The Sweetest Taboo" von Sade. Ich nahm Fleisch, Raju bestellte sich Chicken 65 mit Reis. Wir tranken ein paar Kingfisher und rauchten. Es war das erste Mal seit Beginn der Reise, dass ich Raju mit einer Zigarette in der Hand sah. „Wo sitzt das Leid?" wollte ich von ihm wissen. „Das Leid sitzt nicht im Herzen, es sitzt in der Seele", sagte Raju und zog an der Zigarette. Er war schon etwas betrunken, darum erzählte er mir, dass er Geetha nicht aus Liebe geheiratet hatte – die Ehe war ein Geschäft der Eltern. Seine wahre Liebe war ein Mädchen namens Sinta. Seit drei Jahren hatte er sie nicht mehr gesehen, doch „Gott Hanuman sagt: Nur der Verzicht führt zum Glück".

Als wir aufstanden, zeigte Raju auf die leeren Bierflaschen und die vollen Aschenbecher.

„Style", sagte er.

Elvis Presley sang „Surrender" und „Always on My Mind", während Raju über die schlechteste Straße der Welt nach Kodiyakkarai fuhr. Die Strecke beträgt 250 Kilometer, das ist Wahnsinn, und Wahnsinn waren auch die Todesopfer dieser Fahrt: Raju überfuhr elf Schlangen, drei Affen und eine Ziege.

Er war müde, darum hielten wir spät nachts in Velanganni, einem Ort, der nichts besitzt außer einer katholischen Kirche. Vor dem Einschlafen erzählte uns Mrs. Baby Stephens, die Chefin des Hotels, von ihrer Kindheit in Singapur, ihrem Mann, der beim Fischen ertrank, und von ihrem ältesten Sohn, der als Leibwächter in Delhi arbeitet.

Mrs. Baby Stephens muss früher sehr schön gewesen sein, dachte ich noch, denn das graue Haar fiel ihr wie ein Samtvorhang über die Schultern.

Die Fahrt nach Rameswaram am Tag darauf war die Hölle. Bing Crosby sang „Ol' Man River" und

„Three Little Words", doch ich hätte mir diese Kassette nicht kaufen sollen – weder Soul noch Leidenschaft wohnen in der Seele des Sängers.

Der Ort, auf der Landzunge zwischen dem Golf von Mannar und der Palkbucht gelegen, fungierte früher als Fährverbindung nach Sri Lanka. Wegen der Aufstände der Terrorgruppe Tamil Tigers wurde der Verkehr jedoch eingestellt. Weil sich in den Wäldern und Sümpfen Terroristen und Waffenschmuggler versteckt halten, durchliefen wir Kontrollen der tamilischen Polizei.

Es war nach vier Uhr morgens, als wir im Hotel Tamil Nadu in Rameswaram ankamen, und die Mystik des Südens kündigte sich an, denn am Tag darauf fand ein Fest statt zu Ehren des Bruders von Shiva: Ein Trommelschlagen erklang, eine Prozession zweirädriger Wagen zog auf der Straße vorbei, bemalte Männer mit Haken im Rücken zogen die Wagen, sie schrien und schlugen sich auf den Brustkorb, doch aus ihren Wunden floss kein Blut, dafür waren ihre Pupillen weiter geöffnet als bei LSD-Junkies.

„Shiva sagt: Der Weg zur Seele führt über den Schmerz", meinte Raju. Verstanden, Mann!

Oasis spielten „Shakermaker" und „Live Forever" auf unserem Weg nach Dhanushkodi, am Ende der Landzunge, doch wegen einer Flüchtlingsgeschichte stoppten uns die tamilischen Grenzer kurz vor dem Ort und luden uns zu einem Bad im Golf von Mannar ein.

Der Strand dort ist einer der schönsten Indiens. Die Wellen bauen sich erst ganz zuletzt richtig auf und schlagen dann mit Macht an das Ufer. Ich hätte viel Geld gegeben für die Tapes „Wild Honey" und „Smiley Smile" von den Beach Boys, doch es war kein Musikgeschäft in der Nähe.

Zum ersten Mal bemerkte ich das Band, das Raju sich um den Körper gewickelt hatte: eine Art Eheband zum Zeichen seiner Treue zu Geetha.

„Ein einmal getroffener Entschluss ist nicht rückgängig zu machen", sagte Raju.

Ebenfalls verstanden!

Gegen Abend verließen wir Rameswaram Richtung Madurai. Wir hörten „Running Away", „Dance to the Music" und „It's a Family Affair" von Sly & the Family Stone. Je weiter landeinwärts wir kamen, desto trockener wurde die Gegend, und der Sand färbte sich rot.

Während Raju sich im Hotel ausruhte, traf ich einen Mann, der mir den Ort zeigte. Er war Schneider, darum führte er mich in sein Geschäft. Ich ließ mir von einem Einbeinigen zwei Hemden nähen, mit Schulterklappen, wie bei den Soldaten. Ein Heroindealer war auch im Laden. Er erzählte mir alles über seine Arbeit.

Raju wurde immer irrer auf dem Weg nach Kanyakumari am nächsten Tag. Bislang durfte die Musik nie zu laut sein, jetzt aber drehte er sie bis zum Anschlag auf. Wir hörten alles durcheinander: „Physical Attraction" von Madonna, „Viva Las Vegas" von Elvis Presley, „Live Forever" von Oasis, „You're So Vain" von Carly Simon und „Sixteen Tons" von Johnny Cash. Die Straße war gut, darum fuhr Raju schneller als sonst, doch er überholte auch in Kurven und dort, wo es Gegenverkehr gab. Mindestens hundert Schlangen mussten sterben.

Es war schon dunkel, als wir nach drei Stunden Fahrt im Kanyakumari ankamen. Wir konnten nicht viel sehen, außer den Schatten der Palmen und dem Schimmer des Mondes auf dem Meer. Das sah gut aus, das hatte Klasse, und wir gingen zu Bett, doch am Morgen darauf versteckte der Ort die Magie, von dem die Männer in der Bar von Madras erzählt hatten: Graue Steinbrocken lagen vor der Küste, ein trauriger Clown aus Blech stand im Garten eines Hotels und starrte zum Horizont, vor dem kleinen Strandtempel lag ein sterbendes Pferd, eine Ziege stand in einer Mülltonne herum, und auch am Pier saßen nur Ratlose: Einbeinige, Bucklige, ein paar Leprakranke und Bettler, arme Händler, die staubige Postkarten verkauften.

Es war nicht klar: Waren diese Menschen noch auf der Suche nach dem Seelenfrieden, oder hatten sie ihn schon gefunden? Kanyakumari – war das der Anfang oder das Ende von Indien? Das erste Kapitel des Buches oder das letzte?

Die rasierten Köpfe von Tirupati, die alte Frau im Ashram des Sri Aurobindo und die durchstochenen Brüste der Jünger von Shiva – all diese Bilder gingen mir im Kopf herum, doch ich konnte die Fetzen nicht zu einer Antwort zusammenbringen. Darum ging ich zum Auto, öffnete die Tür und legte „Whatever" von Oasis in den Rekorder. Allein Raju verstand: Er sah aus wie ein Weiser, als er die Arme in die Hüften stemmte und zum Meer hinausblickte.

„Style", sagte er dann und lächelte.

IN
BALKONIEN

Die meisten Männer halten es für den Inbegriff der Romantik, ihren Frauen ein Flugticket in die Südsee zu schenken, um so ihre Sinne mit Sonne und Cocktails zu verwirren. Das funktioniert, weil fast alle Frauen schwachsinnig werden, wenn sie einen Strand sehen. Der wahre Romantiker aber weiß: Es ist keine Kunst, eine Frau mit Palmen zu beeindrucken, eine Herausforderung hingegen ist es, sie dort zu verzaubern, wo nur wenig Zauber zu finden ist. In einem Industriebezirk, zum Beispiel, oder einer Hochhaussiedlung.

Ich habe einen hübschen Hintern und kann es mir leisten, einmal im Monat beim Italiener eine Portion Gnocchi zu bestellen, doch nichts übertrifft den Glanz in den Augen einer Frau, wenn ich ihr meinen Balkon zeige. Zwar besitze ich keine Altbauwohnung und lebe im Hochparterre, das ist normalerweise kein gutes Argument, weil schon viele Einbrecher und Meuchelmörder übers Hochparterre in die Wohnungen dieser Welt geklettert sind, doch alle Zweifel meiner Besucher sind zerstreut, sobald sie meinen Balkon sehen: Er ist nicht besonders breit, einen Meter vielleicht, dafür ist seine Länge von fünf beeindruckend – doch was bedeuten schon Maße? Die Stärken meines Balkons, so sehe ich das, sind seine Südlage, die mir Sonnenauf- und -untergang garantiert, und vor allem seine Dielen: Habe ich schon ein paar Flaschen Wein getrunken, wirkt mein Balkon wie ein Bootssteg, an dem gleich eine Dschunke anlegen wird.

Meine Freunde verstehen diese Schwärmerei nicht und verlassen im Sommer die Stadt, um sich in der Ferne zu „erholen". Niemals würde ich auf so eine Idee kommen: Wenn verreisen, dann in der Höllenjahreszeit Herbst oder im unentschlossenen Frühling, doch auf keinen Fall, wenn sich auf meinem Balkon schon vormittags die Dielen erwärmen und die verrotteten Sträucher der Grünfläche vor meinem Haus an der Brüstung hoch wachsen. In keinem Café, an keinem Strand der Welt könnte es dann besser sein als auf meinem Plastikstuhl, mit dem Blick auf die Straße und der Musik des Bossanova, die durch die Balkontür dringt.

Warum das Paradies suchen, wenn es auf meinem Balkon ist?

Kaum jemand kann die Liebe zu meinem Balkon nachvollziehen, denn die meisten Leute halten Menschen, denen ihr Balkon Ferne genug ist, für Spießer, für Langweiler, für Ignoranten. Besonders in Deutschland ist das Vorurteil weit verbreitet, der Balkon sei die Kapitulation vor der Freiheit, er verkörpere das Zufriedensein in der eigenen kleinen Welt, die Engstirnigkeit. So erbittert sind die Balkonfeinde, dass sie die Balkonliebhaber in ihrer Haltung vergleichen mit Briefmarkensammlern und Männern, die sich sonntags auf dem Dachboden verstecken, um mit der Eisenbahn ihres Sohnes zu spielen.

Ich weiß, dass es solche Menschen gibt, doch ich weiß auch, dass es sich die Balkonhasser zu einfach machen: Es gibt mehrere Typen von Balkonbesitzern, und mit einigen komme auch ich nicht zurecht, weil sie ein falsches Verhältnis zu ihrem Balkon haben.

Unangenehm sind mir zum Beispiel Menschen, die einen Balkon besitzen, aber nicht verstehen, wozu er gedacht ist. Besonders in den so genannten exklusiven Wohnvierteln gibt es viele Balkons, die zu ersticken drohen ob all der Dschungelpflanzen, die auf ihnen aufgebaut sind. Ein Blick auf diese Balkons mit ihren Windrädern, Sonnenschirmen und Strandkörben macht klar: Die Besitzer, meist Menschen mit zuviel Zeit, tun zwar so, als liebten und verehrten sie ihren Balkon, doch in Wahrheit hätten sie lieber einen Vorgarten mit englischem Rasen, Fischteich und Zierhecken. Da sie aber nur einen Balkon haben, verstecken sie ihn hinter all dem Plunder, um den Eindruck zu erwecken, er sei ein Feuchtbiotop, eine Art Regenwald.

Diesen Menschen sei gesagt: Ein Balkon ist kein Garten – wäre er das, hätten die Erbauer ihn mit Naturerde ausgestattet. Ein Balkon, so meine Überzeugung, gibt dem Menschen die Freiheit, jederzeit seine Wohnung zu verlassen und Frischluft zu atmen, ohne dass er durch die Haustür treten und sich mit Schlüsseln herumärgern muss.

Ja, der Balkon, so hätte der Philosoph Immanuel Kant das gesagt, ist der Ausgang des Menschen aus seiner selbstverschuldeten Lebensenge.

Ähnliche Probleme habe ich mit den Balkonvergewaltigern – jenen Menschen, die ihren Balkon mit Müll, rostigen Fahrrädern und leeren Bierkästen voll stellen, weil sie zeigen wollen, dass ihnen der Luxus eines Balkons überhaupt nichts bedeutet. Wäre der Hausbesitzer nicht dagegen, würden sie ihn sofort wegsprengen, doch da das nicht geht, bestrafen sie ihn für ihr schlechtes Gewissen, nicht bei Wasser und Brot in einem Armenhaus zu leben.

Balkongärtner, Balkonhasser, Balkonbeleidiger, Balkonvergewaltiger – es gibt viele Typen, doch am schlimmsten sind die, denen ihr Balkon vollkommen egal ist. Man sollte es nicht für möglich halten, doch es gibt Menschen, die gar keine Haltung zu ihrem Balkon entwickeln: Sie lieben ihn nicht, sie hassen ihn nicht, sie benutzen ihn einfach nie und vergessen oft, dass sie überhaupt einen besitzen – der Balkon ist für sie wie ein Makel, eine Krankheit, an die sie nicht erinnert werden wollen. Dieses Verhalten ist verwerflicher als die Überfrachtung oder Vergewaltigung eines Balkons, denn es macht eine unglaubliche Verschwendung deutlich, weil die Balkonignoranten meist die hübschesten Balkons überhaupt besitzen. Zum Beispiel solche im achten Stock mit Art-déco-Geländern, Teakparkett und Löwenköpfen aus Stuck, die aus den Ecken hervorbrüllen. Nicht die geringste Gnade ist diesen Ignoranten entgegenzubringen, sie sollten ihrer Balkons enteignet und sofort weggesperrt werden, damit sie merken, wie es ist, wenn man nicht mehr ungehindert nach draußen gehen und von dort aus zum Horizont blicken kann. Wieso schätzt der Mensch die Freiheit nur, wenn sie ihm verwehrt ist?

Doch warum zähle ich überhaupt die Fehler gewisser Balkonbesitzer auf, warum verteidige ich mich gegen Balkonhasser, wenn die Vorteile eines Lebens mit Balkon auf der Hand liegen? Kultur und Geschichte zeugen von der Bedeutung des Balkons: Romeo und Julia beschlossen den Bund ihrer Liebe erst während der Balkonszene, und was wäre die Politik, was wäre der Sport, wenn ein Staatspräsident oder eine Fußballmannschaft nicht von einem Balkon oder einer Tribüne aus eine Ansprache halten oder ihr Publikum grüßen könnten? Selbst James Stewart im Film „Fenster zum Hof" wäre glücklicher gewesen, hätte sein Rollstuhl auf einem netten Balkon gestanden – er hätte bessere Sicht auf den Mörder gehabt und sich die Drinks nach draußen bringen lassen können.

Überhaupt ist so ein Balkon sehr gut geeignet zur Menschenbeobachtung, nicht nur im Sommer, sondern zu allen Jahreszeiten. Gerne trete ich auch im Winter nach draußen, bewerfe ein paar Passanten mit Schneebällen und Bananenschalen und verstecke mich dann hinter den Wällen meiner Festung, meines Reichs – so geht meine Anarchie, meine Revolution. Ja: Meine Wohnung ist die Burg, der Balkon ist meine Zinne, und ich bin der Burgherr, der die Macht hat.

Eine Gefahr allerdings birgt der Balkonbesitz: Man muss aufpassen, dass man nicht verrückt wird, denn der klare Blick von oben führt manchmal in den Irrsinn.

Mein Freund Til zum Beispiel ist schon ziemlich nah dran durchzudrehen. Er hat vier verschiedene Ferngläser und sogar ein Luftgewehr – „für alle Fälle" – auf seinem Balkon im fünften Stock installiert, und die meiste Zeit verbringt er damit, in seinem Ausguck zu sitzen und zu notieren, was die Menschen so treiben. Til hat schon viele dramatische Situationen miterlebt – Ehekrisen, Messerstechereien, Einbrüche, sogar eine Geiselnahme –, und seine Schilderungen geben einen guten Überblick über das, was in Deutschland täglich passiert, über das, was Deutschland *ist,* sozusagen. „Man braucht keine Zeitung, kein Kino, kein Buch, wenn man einen Balkon hat", sagt Til, während er wie Napoleon auf seinem Balkon steht und in die Ferne schaut – „man braucht nicht einmal eine Religion".

Seine Notizen gibt Til an mich weiter, und ich werde einmal ein Buch daraus machen – die Wahrheit über Deutschland, vom Balkon aus gesehen. So wie sich der Reiseschriftsteller Bruce Chatwin vom Erfolg seines Romans „In Patagonien" ein Leben in der Welt finanzieren konnte, wird mein Roman mit dem Titel „In Balkonien" mir ein Leben auf dem Balkon finanzieren, denn die Millionen Balkonbesitzer Deutschlands werden wissen wollen, was ich zu sagen habe – sie sind eine starke Lobby.

Von den Tantiemen baue ich mir auf meinem Balkon noch eine Badewanne, eine Hütte für den Winter und ein Weizenfeld. Ich werde für immer auf meinem Balkon leben, vielleicht sogar mit einem hübschen Mädchen zusammen, und wenn wir einmal heiraten, brauchen wir keine Flitterwochen, denn wir wissen: Unser Balkon ist das Zentrum des Universums, er ist Anfang und Ende, und er ist immer eine Reise wert.

SCHÖN HABEN SIE'S HIER

Der Tod ist das Ende aller Existenz, heißt es, darum haben die Menschen Angst vor ihm. Würden sie den Gesetzen von Physik und Chemie trauen, dann wüssten sie: Die Natur kennt keine Auslöschung – sie kennt nur die Verwandlung, denn von allem, was stirbt, bleibt ein Rest, auch wenn es nur eine Handvoll Staub ist.

Ich will wissen, was übrig bleibt, wenn ein Mensch stirbt, dessen Leben ihm Ruhm gebracht hat, darum besuche ich seit ein paar Jahren die Gräber bekannter Schriftsteller, Schauspieler und Musiker. Auf mehr als 110 Friedhöfe hat mich diese Reise bis jetzt geführt, ich habe ein Heft angelegt, in dem alles verzeichnet ist: Friedhöfe in Rom, Moskau, Prag und Sankt Petersburg; Gräber in New York, Wien, London, Dublin und Zürich.

Wohin mich diese Reise führt, weiß ich nicht, ich hoffe nur, dass am Ende eine Art System herauskommt – eine höhere Logik, die irgendeinen Sinn ergibt. Das Grab eines Menschen, so meine Überzeugung, ist der letzte Kommentar der Welt zu seinem Leben, es gibt Aufschluss darüber, welche Bedeutung er noch hat, jetzt, wo er tot ist und über sein Schicksal keine Macht mehr besitzt.

Ich mag Friedhöfe, denn es gibt keinen Ort, der besser riecht. Einige Leute schwören auf den Duft des rauschenden Meeres und den Geruch des Schnees in den Bergen, doch das ist Gestank in meiner Nase im Vergleich zu frischem Gras und aufgeworfener Erde. Auf den Verkehrsinseln und in den Fußgängerzonen der Innenstädte stehen Bäume und Pflanzen herum, doch sie wirken häufig deplaziert. Auf den Friedhöfen aber finden sie ihre Würde wieder – die Gärten um die Gräber sind meist sinnvoll angelegt, und die Pflanzen fühlen sich wohl in der Nähe der Leichen, denn Pflanzen und Tote reden nicht viel. Die Stille der Friedhöfe beweist: Frieden und Ruhe sind nur in der Welt, wenn der Mensch den Mund hält.

Ich muss an dieser Stelle erklären, dass ich kein Wahnsinniger bin, ich glaube nicht daran, dass die

Seelen der Toten sich auf den Friedhöfen herumtreiben, ich rede auch nicht mit den Begrabenen, wie es viele andere Grabpilger tun – Tote antworten auf keine Fragen mehr, der Fragende führt ein Selbstgespräch, und ein Mensch, der mit sich selbst redet, ist meist erbärmlich. Zudem ist es unhöflich, den Verstorbenen zu belästigen, denn selbst wenn er reden könnte, gäbe es keine Grundlage für ein Gespräch: Der Tote kennt sein Gegenüber nicht, warum sollte er Auskunft geben über die Dinge, die ihn beschäftigen?

Ein paar Mal im Jahr gehe ich auf die Suche nach den Gräbern, es ist ein bisschen wie bei einer Pauschalreise. Ich fliege in eine Stadt, nach Venedig, Florenz oder irgendwohin, dort nehme ich mir für ein paar Tage ein Hotelzimmer und bereite den Ablauf vor. Es muss alles sehr genau sein. So besuche ich die Gräber meist in der Früh, nie nach zwei Uhr nachmittags, da der Stand der Sonne dann zu hoch ist und sie ausleuchtet wie ein Blitzlicht oder ein Scheinwerfer. Das zerstört die Atmosphäre, und um die Atmosphäre geht es bei der Sache.

Ich ziehe mich gut an, bevor ich mich auf den Weg zu den Gräbern mache, obwohl ich nicht daran glaube, dass die Toten mich sehen können, trotzdem ist der Respekt wichtig. Meist trage ich einen Anzug mit einem Hemd dazu, ein Schlips ist nicht nötig. Wenn es nach Regen aussieht, nehme ich einen Schirm mit, da ich einmal, am Grab des Schriftstellers Daniel Defoe in London, sehr nass wurde, der Friedhof dort ist eine Art Irrgarten, in dem man sich leicht verlaufen kann.

Mein Ritual ist immer das gleiche: Ich betrete den Friedhof durch den Haupteingang, dort verweile ich kurz und überlege, wo das Grab sich wohl befindet, dann erst mache ich mich auf die Suche. Ich benutze nie eine Karte und frage auch nicht nach dem Weg, darum dauert es meist eine Zeitlang, bis das Grab gefunden ist. Die Romantik ist mir wichtig, auf der Suche nach Marilyn Monroe verbrachte ich einmal mehrere Stunden auf einem sehr kleinen Friedhof in Los Angeles, weil ich auf irgendein Zeichen wartete, das nicht kam. Später stellte sich heraus, dass Marilyn gar kein Grab hat, sondern in einem hässlichen Mausoleum aufbewahrt wird, das aussieht wie die Wand eines Leichenschauhauses.

Viele Gräber berühmter Menschen sind mittlerweile ausgeschildert, das ist für mich eine Sünde, denn es löst das Rätsel und zerstört die Magie der Suche. Zu den Gräbern von Oscar Wilde und James Joyce zum Beispiel führen Pfeile, und obwohl ihre Gräber große Kunst sind, ist die Befriedigung, sie zu sehen, nicht dieselbe, wie wenn ich sie selbst entdeckt hätte. Die Schilder und Wegbeschreibungen sind für die Grabtouristen, nicht für die Pilger, denn der Pilger weiß, dass der Weg schon das Ziel ist, während den Touristen die Suche niemals interessiert – er will immer nur möglichst schnell ankommen, um möglichst schnell wieder zu verschwinden.

Am Grab angekommen, setze ich mich meist auf eine Bank oder den Boden. Ich zünde mir eine Zigarette an, betrachte die Ruhestätte und frage mich: Passt der Grabstein zu dem Toten, oder ist er eine Beleidigung? Ist die Schrift gut gewählt? Hat es einen Sinn, dass der Tote in einem Familiengrab liegt, oder wäre es besser, er läge allein? Das Grab von Franz Kafka auf dem Neuen Jüdischen Friedhof in Prag zum Beispiel ist fast eine Verhöhnung, denn Kafka liegt in der gleichen Gruft wie seine Eltern, obwohl er ein Eremit war und seinen Vater hasste. Traurig ist auch das Grab Dutschkes in Berlin: Sein Stein sieht aus wie eine Kartoffel mit Riss, die Blumen erinnern an die Bepflanzung eines Kleingartens – das sind nicht die Werte, für die sich Rudi eingesetzt hat.

Oft zeigt sich an den Gräbern auch die Überschätzung der Toten: Karl May zum Beispiel liegt in Radebeul in einer Gruft, in der die Engel Spalier stehen – dieses Grab wirkt so, als hätte er die Metaphysik erfunden, während sich der Philosoph

Arthur Schopenhauer in Frankfurt unter einer verwitterten Steinplatte versteckt, die kaum zu finden ist. Hübsch dagegen sind die Gräber von Karl Marx in London und von Coco Chanel in Lausanne: Während der Kopf von Marx mächtig wie ein Gorilla auf einem Steinquader sitzt, bewachen fünf Löwenköpfe Cocos Sarg, der unter einem Meer von Schneeglöckchen liegt. Mozart schließlich ist ein Heimatloser – kein Mensch weiß, wo er auf dem St. Marx-Friedhof in Wien liegt, weil sein Grab nicht beschriftet wurde.

Manchmal hinterlassen Besucher Geschenke und Nachrichten. Ich tue das nie, doch ich freue mich über die Botschaften anderer – sie sagen eine Menge aus über die Bedeutung der Toten. Auf dem Grab von Jim Morrison auf dem Pariser Friedhof Père Lachaise zum Beispiel liegen meist schlechte Gedichte und hässliche indianische Amulette – diese Dinge beweisen, dass Morrison, den viele für einen Gottgesandten halten, nur ein dichtender Esoteriker war, der vielleicht etwas hübscher aussah, als Esoteriker es normalerweise tun. Auch auf den Gräbern von Jimi Hendrix und Bruce Lee in Seattle sind die Hilferufe ihrer Fans zu finden: Zu Hendrix beten die Jünger um die Kunst des Gitarrenspiels, und von Bruce Lee wollen sie wissen, ob sie mit der Philosophie des Kung-Fu auch Mädchen bekommen können.

Es gibt geheime Gesetze in der Welt der Gräber: Viele Schriftsteller zum Beispiel sind nicht dort begraben, wo sie geboren wurden oder wo die Geschichten ihrer Romane spielen, statt dessen liegen sie in kleinen Dörfern in der französischen Provinz, obwohl es kaum eine Verbindung dorthin gibt. Auch für die Gräber selbst gibt es Regeln: Die der Musiker und Komponisten sind immer voller Barockengel, weil die Musik früher für eine Art Gottesstimme gehalten wurde, während die Gräber der Philosophen – besonders dann, wenn sie Gott verneinten – meist schmucklos und verkommen sind. Politiker haben häufig eine Büste auf einem Sockel stehen, und die Gräber von Selbstmördern sind immer kleiner als die Gräber der Menschen, die eines natürlichen Todes gestorben sind.

Ab und zu treffe ich auch mal einen anderen Pilger, das ist immer eine seltsame Angelegenheit, denn einige sind Geisteskranke, besonders wenn es Amerikaner sind. Am Grab von Jules Verne in Amiens zum Beispiel traf ich Steve, einen Jungen aus Boston, der mir erzählte, dass Verne schwul war und Mitglied einer Geheimgesellschaft, die einen amerikanischen Sklaven zum Zaren von Russland machen wollte, um sich an den Amerikanern zu rächen. Andrew, ein Junge aus San Francisco, der in seinem Leben schon zweihundert Gräber besucht hat, erklärte mir am Grab von Charlie Chaplin in

Corsier, dass Hitler nach Bolivien geflüchtet und erst vor ein paar Jahren gestorben sei – sein Grab befinde sich jetzt am Rande eines kleinen Dorfes in den Anden. Andrews Augen flackerten, als er mir diese Geschichte erzählte, sie wird nicht wahr sein, doch sie trifft den Kern meiner Suche: Jedes Grab dieser Welt gibt dem Menschen Rätsel auf, wenn er seine Geschichte nicht kennt.

Die Zeit, die ich vor den Gräbern verbringe, ist unterschiedlich: Manchmal ist mir nach zehn Minuten alles klar, und ich weiß dann, ob der Mensch, der unter dem Grabstein liegt, seinen Platz in dieser Welt gefunden hat. Ein anderes Mal rauche ich eine Packung Zigaretten, weil ich mich nicht entscheiden kann, ob das Grab die Würde des Toten betont oder beleidigt. Doch eine Entscheidung darüber treffe ich jedes Mal, wenn ich einen Friedhof besuche.

Manchmal aber, ganz selten nur, verliere ich die Kontrolle. Einmal, auf dem Friedhof der Holy Trinity Church in Stratford-upon-Avon, legte ich mich einen Augenblick auf das Grab von William Shakespeare, denn Shakespeare ist mein Geburtstagsbruder – wir sind beide am 23. April geboren.

Kein Laut war zu hören, die Sonne schien auf mein Gesicht, und irgendwann schlief ich ein.

Das war ein sehr schöner Tod.

DER GANZ-ANDERS-MACHER

Von Uwe Kopf

Ja, Fisch, so wie Du hat mich nie wieder ein Mensch begrüßt: Da standest Du als Neuling vor Deinem Redaktionszimmer der Zeitschrift „Tempo", gucktest mir in die Augen, und zack schwappte ein Schwall Milch aus Deinem Mund. „Eklig, nicht?" sagtest Du und hattest mir eben die Szene aus dem Gruselfilm „Die Fliege" mit Jeff Goldblum vorgespielt. Das war 1994 und der Beginn unserer Freundschaft, aber Deinen Vornamen habe ich nur gesagt, falls ich meinte, Dich ermahnen zu müssen („Marc, rauch nicht so viel! Marc, iss morgens einen Apfel!"); als Einheit bildeten wir immer den Fischkopp.

Du lebtest und schriebst in Deiner Fischerwelt: Wohnen durften dort beispielsweise der Dichter Joseph Conrad, Motorroller und Haie, der Musiker Jonathan Richman und Deine eigene Rockgruppe, die Torpedo Boyz – sie haben Dich angeregt, getröstet und gestärkt.

Wenn die Zeitungen im Land mal einen exklusiven Blick auf ein Thema brauchten, dann hieß es, den Reporter Marc Fischer anrufen, denn Du warst doch ein Ganzandersmacher.

Der Weg ist das Spiel: Beim Schreiben bist Du wie ein Kind gewesen, die Wörter wurden Deine Bauklötze, zum Übermut kam aber die Schwermut, und Du warst außerstande, langweilige Sätze zu schreiben – von welchem Autor lässt sich das denn noch sagen?

Vier Bücher hast Du verfasst, darunter einen Katalog mit 194 Fragen, die jedes Kind unbedingt seinen Eltern stellen sollte, solange sie noch da sind – 194 Fragen mindestens hätte ich an Dich, aber Du bist jetzt nicht mehr da. Anfang 2011 hast Du plötzlich Angst gekriegt, dass die Fischerwelt untergeht und Du nicht mehr schreiben kannst, und so bist Du dann dem Tode entgegengestürzt.

Dein Leben dauerte fast 41 Jahre, Dein Leben ist Dir gelungen, Fisch, und Deine Eltern müssen was Entscheidendes richtig gemacht haben während Deiner Erziehung, denn Du bist völlig frei gewesen von Neid und Geiz: eine Sensation für ein Einzelkind.

Deine Eltern und Freunde haben Dich in Deiner Geburtsstadt Hamburg begraben, und mir gefällt der Gedanke, dass Du (wie der Lausebengel Tom Sawyer) heimlich an Deiner eigenen Beerdigung teilgenommen hast, um zu gucken, wer am meisten weinte.

Adieu, Fisch, bis irgendwann,

Dein Kopp

Porträt: Samuel Zuder

Marc Fischer (1970–2011) war freier Autor und Sänger bei der Band Torpedo Boyz. Er schrieb die Romane „Eine Art Idol" (2001) und „Jäger" (2002) und verfasste 2010 einen Katalog mit „Fragen, die wir unseren Eltern stellen sollten (solange sie noch da sind)". Im Frühjahr 2011 vollendete er „Hobalala", einen Roman über die Bossanova-Legende João Gilberto.

„Der Spiegel" in seinem Nachruf: „Inspiriert vom New Journalism eines Gay Talese stieg Marc Fischer sehr jung Mitte der neunziger Jahre beim Monatsmagazin ‚Tempo' zum Star auf. Danach hätte er sich bei den etablierten Medien einen Schreibtisch aussuchen können, aber er streifte weiterhin durch die entlegenen Ecken der Welt, getrieben von einer Sehnsucht nach einer gebrochenen Schönheit, die ihm wichtiger war als ein regelmäßiges Monatsgehalt."